用国际标准指导社会责任实践

——ISO 26000在中国企业的应用

中国铝业公司研究室　著

北　京
冶　金　工　业　出　版　社
2013

内 容 简 介

本书吸收、浓缩了“ISO 26000 在中国企业的应用研究”课题的精华，旨在通过识别当前中国经济社会背景下，ISO 26000 对企业履行社会责任提出的更为全面、更为系统、更高和更新的要求，分析相关原则和条款给中国企业带来的挑战，展示符合 ISO 26000 原则和期望的、一批领先的中国企业的社会责任优秀实践案例，并提出相关对策与建议，为中国企业应对 ISO 26000 提供参考。

图书在版编目(CIP)数据

用国际标准指导社会责任实践：ISO 26000 在中国企业的应用/中国铝业公司研究室著．—北京：冶金工业出版社，2013.9

ISBN 978-7-5024-6412-7

Ⅰ.①用…　Ⅱ.①中…　Ⅲ.①企业责任—社会责任—国际标准—研究　Ⅳ.①F270-65

中国版本图书馆 CIP 数据核字(2013) 第 208710 号

出 版 人　谭学余
地　　址　北京北河沿大街嵩祝院北巷 39 号，邮编 100009
电　　话　(010)64027926　电子信箱　yjcbs@cnmip.com.cn
策划编辑　姜晓辉　责任编辑　姜晓辉　美术编辑　彭子赫
版式设计　孙跃红　责任校对　石　静　责任印制　李玉山
ISBN 978-7-5024-6412-7
冶金工业出版社出版发行；各地新华书店经销；北京百善印刷厂印刷
2013 年 9 月第 1 版，2013 年 9 月第 1 次印刷
169mm×239mm；10 印张；189 千字；141 页
38.00 元

冶金工业出版社投稿电话：(010)64027932　投稿信箱：tougao@cnmip.com.cn
冶金工业出版社发行部　电话：(010)64044283　传真：(010)64027893
冶金书店　地址：北京东四西大街 46 号(100010)　电话：(010)65289081(兼传真)
(本书如有印装质量问题，本社发行部负责退换)

“ISO 26000 在中国企业的应用研究”课题组人员名单

组　长　熊维平

副组长　蒲晓鸥

成　员　杨燕青　殷格非　赵秀富　代奕波
冯修青　马桂英　杜纪福　贺　容
张弋戈　罗娟容

《用国际标准指导社会责任实践——ISO 26000 在中国企业的应用》

编审人员名单

编　写　杨燕青　赵秀富　冯修青　马桂英
杜纪福　刘　强　吴学咏　董祈祥
张新康　韩　露

审　定　熊维平　刘才明　蒲晓鸥

前 言

很多人担心，社会责任国际标准 ISO 26000 体系庞大、内容复杂、要求很高，中国企业应用这个标准来指导社会责任的管理与实践会有很大的风险。

但近年来世界各国社会责任工作迅猛发展的事实告诉我们，不研究、不学习、不应用 ISO 26000，才是真正的风险！

“ISO”源于希腊语“ISOS”（取平等之意），用于表达国际标准化组织跨文化均衡和标准化的目标，是全球不同语言的统一标识。2010 年 11 月 1 日，国际标准化组织颁布了社会责任标准 ISO 26000，在全球范围内第一次形成对社会责任概念的共同理解。不同于以提升产品（服务）质量、降低成本为中心的质量管理和以环境为企业管理的中心的环境管理，ISO 26000 社会责任国际标准的发布，对企业的管理提出了新的要求，特别是明确提出需要对更多的利益相关方负责，企业的管理对象由产品、环境扩展到更多的利益相关方，企业管理的目标不仅是提高产品质量、降低成本和保护环境，还要追求经济、社会和环境效益协调发展以及多元目标的平衡，实现企业与社会的可持续发展。这预示着全面责任竞争时代的来临，由此翻开了全球社会责任的新篇章。

近年来，积极履行社会责任已成为我国政府、行业协会、媒体、公众等社会各界对企业的殷切期望和广泛要求，企业开始主动加入到履行社会责任的潮流中，更多的中央企业开始系统地开展社会责任管理实践，同时不断创新社会责任管理方式。加强社会责任管理与实践成为企业应对诸多挑战，实现可持续发展的重要举措。面对这一涉及社会责任领域的全球标准，因中国企业参与ISO 26000的制定过程相对有限，且标准体系庞大、内容复杂，使得中国企业在对标准的理解和应用上面临诸多现实困难与挑战。

《用国际标准指导社会责任实践——ISO 26000在中国企业的应用》一书，是在中国铝业公司“ISO 26000在中国企业的应用研究”课题成果的基础上编写而成的。中国铝业公司“ISO 26000在中国企业的应用研究”课题2012年7月完成，研究成果受到社会广泛关注，并作为国务院国资委五项优秀研究成果之一被推荐到国家科技部，上升为2013年国家级社会科学研究课题。

本书吸收、浓缩了“ISO 26000在中国企业的应用研究”课题的精华，旨在通过识别当前中国经济社会背景下，ISO 26000对中国企业履行社会责任提出的更为全面、系统、更高和新的要求，分析相关原则和条款给中国企业带来的挑战，以及展示一批领先的中国企业符合ISO 26000原则和期望的社会责任优秀实践案例，并提出相关对策与建议，为中国企业应对ISO 26000提供参考。

本书包括9个章节。第1章，整体介绍ISO 26000内容，形成对ISO 26000的全面认识；第2~8章，基于ISO 26000七大核心主题，分别论述ISO 26000的组织治理、人权、劳工实践、环境、公平运营实践、消费者问题、社区参与和发展等给中国企业带来的影响及对策分析，同时以实例展示中国企业遇到的风险和成功应对标准要求所取得的成效；第9章介绍基于总体层面的ISO 26000对中国企业的影响及对策分析。

“十二五”期间，中国铝业公司提出建设最具成长性的世界一流矿业公司的战略目标。我们开展ISO 26000在中国企业的应用研究，一方面促使企业发展理念的转变，推动企业管理模式的创新，促进企业经营方式的变革；另一方面，也为公司国际化战略实施提供支撑，把“走出去”与所在国当地经济、民生结合起来，更好地融入当地社会，在国际资源配置中赢得竞争优势，以负责任可持续的方式再造一个“海外中铝”，实现ISO 26000与公司战略的有机融合。概括起来说，就是按社会责任国际标准打造世界一流责任中铝。

我们组织撰写本书，目的是希望在促进自身可持续发展的同时，也能为更多的中国企业在全面、深入理解社会责任国际标准的基础上，更准确、高效地应用社会责任国际标准提供参考和借鉴，从而为ISO 26000的应用普及贡献出中国最佳的实践成果，推动中国企业社会责任发展的全球化进程。

由于水平所限，本书不足之处恳请社会各界给予批评和指正。

中国铝业公司研究室
2013年8月

目　录

1 ISO 26000 的核心内容与认识

1.1 ISO 26000 的制定背景和过程

1.1.1 ISO 26000 的制定背景

经济全球化在加速世界经济发展、促进国家之间经济技术交流与合作的同时，也带来了贫富差距加大、气候变暖、环境恶化、能源危机等一系列负面问题。如何负责任地推进经济全球化，促进全球经济社会可持续发展，成为国际社会广泛关注和讨论的焦点。从 20 世纪 80 年代开始，履行社会责任作为实现可持续发展的重要途径，首先在欧美国家发起，并逐渐在全球范围内形成浪潮。以全球知名跨国公司为代表的广大企业纷纷响应，通过实际行动积极履行社会责任。

20 世纪 90 年代以来，跨国公司的企业社会责任实践由关注劳工冲突和环境问题转向探索实现企业社会责任理念的途径、方法、工具等问题，并探索如何将对社会和环境的关注融入到公司经营宗旨、企业战略、组织结构、日常运营，进而取得经济、社会、环境三重效益，形成新的核心竞争力；另一方面，以联合国、全球报告倡议组织等为代表的国际组织和各国政府纷纷发布社会责任倡议、标准、守则或相关政策，倡导和鼓励企业履行社会责任。[1]

在这样的全球背景下，2004 年 6 月，国际标准化组织（ISO）决定开发一个适用于所有组织的社会责任国际标准——ISO 26000，这也是国际标准化组织继推出质量管理体系（ISO 9000）和环境管理体系（ISO 14000）之后，在社会责任领域推出的第一个标准体系。

1.1.2 ISO 26000 的制定过程

由于社会责任领域涵盖了大量的经济、社会和环境议题，国际标准的制定也需要在全球层面达成共识。因此，国际标准化组织在制定 ISO 26000 的过程中，既借鉴了开发国际标准传统而成熟的做法和经验，同时也开创了在标准开发领域结合利用多利益相关方参与的新方式。

---

[1] 殷格非、崔生祥、郑若娟．企业社会责任管理基础教程[M]．北京：中国人民大学出版社，2008，28。

国际标准化组织以发现的所有会受标准影响或者可以影响标准的群体为依据，识别出6个不同方面的利益相关方团体，分别是消费者、政府、产业界、劳工、非政府组织，以及服务、支持、研究、学术和其他机构。各利益相关方团体由来自90多个国家和40多个国际性或区域性组织的450多位各界专家组成，代表了社会责任不同方面的声音。

ISO 26000是国际标准化组织历史上迄今为止历时最长、涉及面最广的单项课题，主要经历了筹备、制定和发布3个重要阶段，期间一共召开了8次全体会议，每次会议都有一个阶段性成果，并将各利益相关方的意见吸纳进标准，不断将标准改进、充实和完善，最终以93.5%的高赞成率通过（国家标准化管理委员会代表我国政府对此投了赞成票）。特别要提出来的是，我国专家全程参加了ISO 26000标准的制定工作，并提出了许多重要的意见和建议，且得到了采纳，如尊重差异性原则❶。

1.2 ISO 26000的核心内容

ISO 26000社会责任国际标准文本由7个章节和附录文件构成，这些章节系统介绍了ISO 26000的适用范围、概念、特征、原则以及实施的内容、方法等。ISO 26000的核心内容的概览示意见图1-1。

归纳起来看，ISO 26000社会责任国际标准的核心内容主要包括以下七个方面：

（1）什么是社会责任。ISO 26000对社会责任的定义是：社会责任是指组织通过透明和合乎道德的行为，为其决策和活动对社会和环境的影响而承担的责任。这些行为包括：

1）贡献于可持续发展，包括健康和社会福利；

2）考虑利益相关方的期望；

3）遵守适用的法律，并与国际行为规范相一致；

4）全面融入组织，并在其关系中得到实践。

关系是指组织在其影响范围内的活动；活动包括产品、服务和过程；影响范围是指政治、合同、经济或其他关系的范围/程度，通过这些关系，组织有能力影响个人或其他组织的决策和活动。❷

（2）谁应当履行社会责任。ISO 26000认为，社会责任不仅仅适用于企业，

---

❶ 尊重差异性原则是ISO 26000在第四章“社会责任原则”的概述中提出的，是指组织在应用本国际标准时要考虑社会、环境、法律、文化、政治和组织的多样性以及经济条件的差异性。

❷ Guidance on social responsibility，ISO/FDIS 26000：2010（E），p3～4。

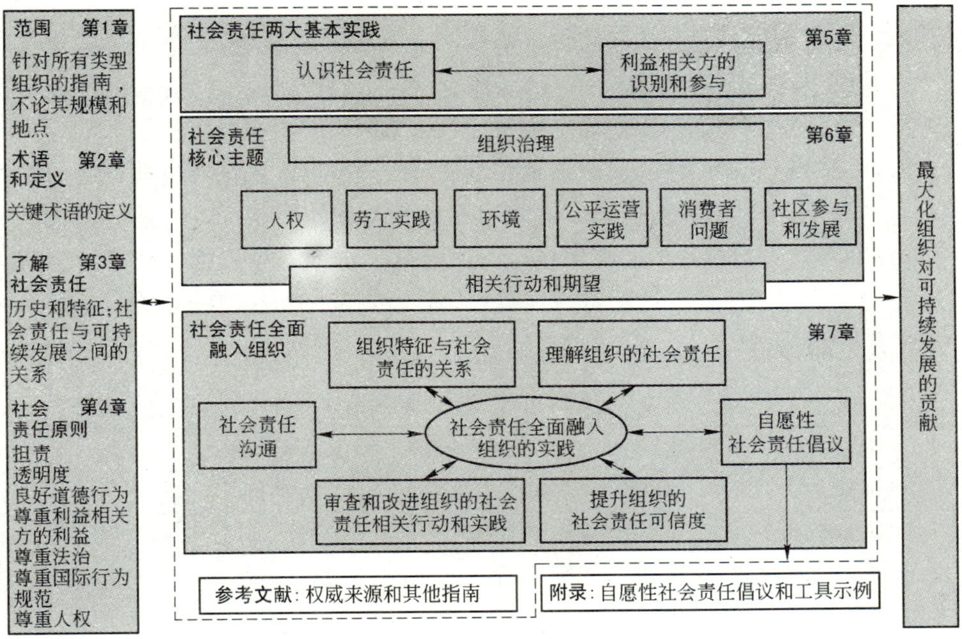

图 1-1 ISO 26000 概览示意图❶

还广泛适用于所有类型的组织。组织是指对责任、权限、关系做出安排并有明确目标的实体或人与设施的集合。现代社会将组织置于一个全面开放的社会环境中，组织的各项活动不仅与组织自身关系重大，而且与社会各界都有必然的联系。一方面，组织需要依赖于社会而存在；另一方面，所有组织的决策和活动也都会对周围的社会和环境产生积极或消极的影响。由于企业是对现代社会影响非常大的一类组织，这使得人们尤其关注企业履行社会责任的情况。事实上，所有类型的组织都是实施社会责任的主体，都应当为其决策和活动对社会环境造成的影响承担责任。

（3）对谁履行社会责任。ISO 26000 认为，组织履行社会责任的对象是利益相关方。利益相关方指的是与组织的决策和活动有利益关系的个人和团体。组织的利益相关方可能是其组成部分，包括组织的成员、雇员或所有者等，也可能是组织以外的其他组织，包括政府、非政府组织、供应商、合作伙伴、客户、工会、社区等。此外，组织的利益相关方并非全部都是有组织的团体，也并非都能够向组织表达其利益诉求，这一点在弱势群体和子孙后代方面表现得尤为突出。

---

❶ 参见国际标准化组织官方网站。

（4）按照什么原则履行社会责任。ISO 26000认为，担责、透明度、良好道德行为、尊重利益相关方的利益、尊重法治、尊重国际行为规范、尊重人权七项原则是组织进行社会责任决策和行为的基本要求（见表1-1），这很大程度上也是对社会责任定义的进一步阐释。例如，担责原则反映了社会责任是组织“为其决策和活动对社会和环境的影响而承担的责任”；透明度和良好道德行为原则反映的是“透明和合乎道德的行为”；尊重利益相关方的利益反映的是“考虑利益相关方的期望”；尊重法治、尊重国际行为规范、尊重人权原则反映了社会责任是一种遵守适用的法律、国际行为规范和符合特定背景所接受的正确或良好行为原则的组织行为。❶

表1-1　ISO 26000七项原则简要介绍表

担　责	组织应当为其对社会、经济和环境的影响承担责任
透明度	组织影响社会和环境的决策和活动应当是透明的
良好道德行为	组织行为应当合乎道德规范
尊重利益相关方的利益	组织应当尊重、考虑和回应利益相关方的利益
尊重法治	组织应当认同尊重法治是强制性的
尊重国际行为规范	组织应当在坚持尊重法治原则的同时，尊重国际行为规范
尊重人权	组织应当尊重人权，并承认人权的重要性和普遍性

（5）履行什么样的社会责任。ISO 26000认为，组织治理、人权、劳工实践、环境、公平运营实践、消费者问题、社区参与和发展七个核心主题确定了组织履行社会责任的范围（见表1-2），广泛涵盖了道德、经济、健康、安全、价值链在社会责任方面的一系列问题。组织应根据七个核心主题，识别和处理所有与其决策和活动相关的或重要的社会责任问题。

表1-2　社会责任核心主题和问题表

核心主题和问题	ISO 26000对应章节
核心主题：组织治理	6.2
核心主题：人权	6.3
问题1：尽责审查	6.3.3
问题2：人权风险状况	6.3.4
问题3：避免同谋	6.3.5

❶ 李伟阳、肖红军．ISO 26000的逻辑——社会责任国际标准深层解读[M]．北京：经济管理出版社，2011。

续表 1-2

核心主题和问题	ISO 26000 对应章节
问题 4：处理投诉	6.3.6
问题 5：歧视和弱势群体	6.3.7
问题 6：公民权利和政治权利	6.3.8
问题 7：经济、社会和文化权利	6.3.9
问题 8：工作中的基本原则和权利	6.3.10
核心主题：劳工实践	6.4
问题 1：就业和雇佣关系	6.4.3
问题 2：工作条件和社会保护	6.4.4
问题 3：社会对话	6.4.5
问题 4：工作中的健康与安全	6.4.6
问题 5：工作场所中人的发展与培训	6.4.7
核心主题：环境	6.5
问题 1：防止污染	6.5.3
问题 2：资源可持续利用	6.5.4
问题 3：减缓并适应气候变化	6.5.5
问题 4：环境保护、生物多样性和自然栖息地恢复	6.5.6
核心主题：公平运营实践	6.6
问题 1：反腐败	6.6.3
问题 2：负责任的政治参与	6.6.4
问题 3：公平竞争	6.6.5
问题 4：在价值链中促进社会责任	6.6.6
问题 5：尊重产权	6.6.7
核心主题：消费者问题	6.7
问题 1：公平营销、真实公正的信息和公平的合同实践	6.7.3
问题 2：保护消费者健康与安全	6.7.4
问题 3：可持续消费	6.7.5
问题 4：消费者服务、支持及投诉和争议处理	6.7.6
问题 5：消费者信息保护与隐私	6.7.7
问题 6：基本服务获取	6.7.8
问题 7：教育和意识	6.7.9
核心主题：社区参与和发展	6.8
问题 1：社区参与	6.8.3
问题 2：教育和文化	6.8.4
问题 3：就业创造和技能开发	6.8.5
问题 4：技术开发与获取	6.8.6
问题 5：财富与收入创造	6.8.7
问题 6：健康	6.8.8
问题 7：社会投资	6.8.9

（6）如何将社会责任融入组织。ISO 26000 认为，为更好地履行社会责任，组织需要将社会责任融入其决策和活动中。组织可以以现有的体系、政策、结构和网络为基础，也可以以新的方式展开。即使各个组织的起点不一致，但都可以按照了解组织特点、了解和分析组织的社会责任活动、全面融合社会责任、加强社会责任沟通、提升社会责任可信度、审查和改进组织的社会责任相关行动和实践六个步骤将社会责任融入组织，见图 1-2。

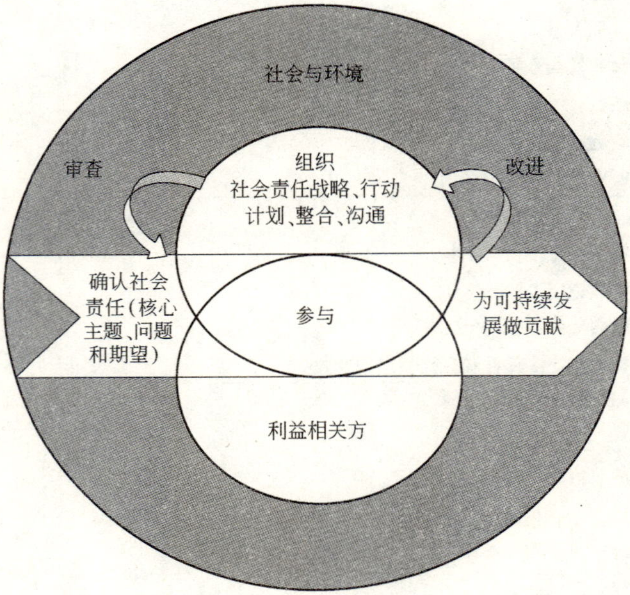

图 1-2　将社会责任全面融入组织示意图

（7）附录。ISO 26000 在正文之外还提供了两个附录，主要是一些自愿性社会责任倡议。其中，附录 A 提供了自愿性社会责任倡议和工具的不完全清单，共列出了 76 个倡议和工具。这 76 个倡议和工具包括 41 个跨行业倡议、工具和 15 个行业的 35 个倡议、工具，涉及一个或多个社会责任核心主题或如何将社会责任全面融入组织；附录 B 是缩略语，包括在标准中使用的全部缩略语。

1.3　对 ISO 26000 的认识误区

中国企业对 ISO 26000 社会责任国际标准最大的误区就是不研究、不学习、不应用，ISO 26000 作为全球首个社会责任指南，其应用的结果都还有待实践证明。因此，必须加强对 ISO 26000 的研究、学习和应用，而非置之不理。具体而言，中国企业对 ISO 26000 主要存在以下认识误区。

误区一：ISO 26000 是一种自愿性标准，可用可不用

ISO 26000 与 ISO 9000、ISO 14000、ISO 18000 不同，后三者都是管理体系，而 ISO 26000 却是自愿性社会责任指南，既不是管理体系，也不用于认证。但是，不能因此就认为 ISO 26000 可用可不用。ISO 26000 汇聚了全球在社会责任领域的广泛智慧，得到了大多数国家的认同。我国政府也表达了支持和欢迎的态度。在其实施过程中，我国政府认为：在尊重多样性和差异性原则的前提下，ISO 26000 的主要技术内容强调组织遵纪守法、尊重人权、关心员工、保护消费者、热心社会公益、关爱环境，为社会、经济和环境的可持续发展做贡献等，这对于当前我国转变经济增长方式、实现经济社会又好又快发展具有现实意义。另外，ISO 26000 的应用已遍及全球。2011 年，已有 36 个国家把 ISO 26000 社会责任国际标准转化为国家标准。欧盟在 2011 年 10 月发布的《欧洲企业社会责任战略 2011—2014》中，根据 ISO 26000 对企业社会责任进行了重新定义，并要求企业采用 ISO 26000；日本于 2012 年 4 月将 ISO 26000 直接转化为国家标准；巴西作为 ISO 26000 标准制定的主席国，一直致力于 ISO 26000 的推广应用；中国国家标准化管理委员会正以 ISO 26000 为基础来制定我国的社会责任国家标准，并计划在此基础上发布社会责任评价国家标准。由此可见，ISO 26000 尽管只是一种自愿性标准，但不是可用可不用，而是必须用、须用好。

误区二：ISO 26000 可以用于认证

国际标准化组织明确声明 ISO 26000 是一项自愿性的国际指导标准，不可以用于认证，旨在为组织更好地履行社会责任提供最佳实践方面的指南，而且允许组织根据实际情况对组织内的社会责任含义进行适当的修改。事实上，由于 ISO 26000 涵盖领域的广泛性、涉及国家和专家数量的庞大性、牵扯组织类型的丰富性，不可避免地会在诸多议题和领域存在争议性，如将其定位为认证性标准，势必难以达成广泛的共识。由此可见，ISO 26000 与 ISO 9001、ISO 14001 认证标准不同，ISO 26000 条款更多的是指导性而非硬性规定，而且更多的是全球领域的最佳实践。ISO 26000 期望组织通过践行最佳实践持续地提高组织的社会责任绩效，最终引导组织实现可持续发展的目的。ISO 26000 意在“授人以渔”，而非“授人以鱼”。

误区三：组织可以宣称满足了 ISO 26000 标准

ISO 26000 最广泛地整合了国际上社会责任方面专家的意见，提出了组织以对社会负责的态度运营时所需要解决的问题，并展示了社会责任的最佳实践。

ISO 26000 是一个有力的社会责任工具，能够帮助组织把负责任的意愿转化为实践。这也是国际标准化组织制定 ISO 26000 的初衷。显然，任何一个组织都不能对外宣称它满足了 ISO 26000 标准。事实上，也是不可能做到的。这不是因为 ISO 26000 的标准高不可攀，而是因为这一指南的设计本身就不是出于评估、认证或者制定合同的目的。ISO 26000 标准的构成要素不能被用于评价组织是否满足了某项标准，它是一种指南，描述了一个持续改进的方向和过程，表达了组织想要将社会责任融入运营过程的决心。当然，组织在与外界交流时，是可以表达它们对社会责任的信念的。例如，它们可以说受到了 ISO 26000 标准的启发，并且在它的指导下履行组织的社会责任。

误区四：ISO 26000 只适用于大型企业和组织

ISO 26000 的主体除了行使国家主权时的政府以外，也适用于其他所有类型的组织，而不论其规模大小和所处何地，并且充分考虑到了不同组织理解和履行社会责任所处的不同阶段情况，初涉社会责任的组织可以把 ISO 26000 当作社会责任的入门“教科书”，以此来推动本组织建立起社会责任，而对于那些相对比较有经验的组织可以参考 ISO 26000 进一步改进现有做法并将社会责任融入组织运营。显然，ISO 26000 不仅适用于大型企业和组织，而且还适用于中小型企业和组织。尽管中小型企业和组织囿于资金、规模等条件限制在承担社会责任时有着种种不利条件，但它们相比较大型企业和组织而言也同样具有先天优势。正是由于中小型企业和组织有较小的组织规模，它们反而能够更加灵活、更加容易创新，这为履行社会责任提供了很好的机遇。中小型企业和组织能够通过更加实用、更加简单和高效益的行动将社会责任融入整个组织，程序简单，费用低廉。这样看来，ISO 26000 不仅适用于大型企业和组织，也同样适用于中小型企业和组织，而且如果使用恰当，中小型企业和组织所取得的效果甚至比其他大型企业和组织会更好。

误区五：ISO 26000 为中国企业设置了贸易壁垒

ISO 26000 在开发过程中为确保发展中国家有机会在同一个平台积极参与，采取了支持发展中国家的特别措施（一是巴西成为了两个主席国之一，二是参与标准制定的发展中国家代表人数超过了发达国家代表人数），切实改变了过去发达国家在标准开发中占主导地位的情况。[1] 事实上，发展中国家在全球供应链中已占有重要地位，促进公平贸易，对于发展中国家和发达国家都同等重要。ISO

---

[1] 孙继荣．ISO 26000：社会责任发展的里程碑和新起点[J]．WTO 经济导刊，2010，10。

26000 标准考虑到了发展中国家组织的社会背景，甚至更多反映了发展中国家的需求。ISO 26000 被全世界广泛接受和应用，最终有利于全球贸易的可持续发展。另外，在 ISO 26000 中，就特别排除了作为贸易技术壁垒的可能性，坚持 WTO 开发国际标准原则❶是国际标准化组织开发标准的基本原则之一。因此，认为 ISO 26000 为中国企业设置了贸易壁垒的观点是对 ISO 26000 的一种误解，ISO 26000 不用于国际贸易规则，也无意于为推定和发现某一行动符合世界贸易组织义务提供依据。但需要指出的是，ISO 26000 一旦被纳入某些国家的法律体系，ISO 26000 的要求在这些国家落地的自愿性就会减弱而强制性就会增强。

误区六：ISO 26000 只是在道德领域的规范

ISO 26000 倡导组织的行为应合乎道德规范，这就要求组织在其影响社会和环境的决策及活动方面应当保持透明。组织在长时期内都必须坚持遵守道德准则，组织的行为应当建立在诚实、公平和正直的道德基础上，并履行自己的承诺，尤其是涉及到利益相关方权益的承诺，还应关注与人、动物和环境的和谐相处。特别需要指出的是，倡导组织的行为合乎道德也包括组织应该尊重动物的权益和福利，关注为动物提供良好的适合生存的环境，包括动物饲养和繁殖等方面。除此之外，ISO 26000 同样关注避免利益冲突和纠葛，尤其是那些可能会导致不道德行为发生的事件，也就是说任何组织都应履行自身的道德行为义务，并主动接受员工和外部利益相关方的监督。同时，组织还应对当地法律、法规，包括那些没有进行明确规定的情况进行适当的判断，使之不能与道德行为相冲突。由此可见，ISO 26000 关注组织在道德领域的行为，但却又不止于此。

误区七：ISO 26000 所界定的社会责任内容非常广泛，若按照它的要求进行社会责任管理，会增加管理的内容，为企业带来额外负担

ISO 26000 涉及内容广泛，涵盖了组织治理、人权、劳工实践、环境、公平运营实践、消费者问题、社区参与和发展 7 大核心主题及其 37 个问题、250 多条行动和期望，几乎考虑到了组织履行社会责任的所有方面。事实上，它期望在所有方面都可以为组织提供全球履行社会责任的最佳实践，旨在推动实现可持续发展。的确，按照 ISO 26000 的要求进行社会责任管理，会增加管理的内容，但并非就是为企业增加了额外负担。这是因为：一是 ISO 26000 在引言中已明确说明，它的适用范围广泛，对所有的私营部门、公共部门和非营利部门的组织都有所裨益，而不论其规模大小，也不论是在发达国家还是在发展中国家运营。这意

❶ WTO 开发国际标准原则是指 WTO/TBT“世界贸易组织贸易技术壁垒协议”中包括的透明性、公开性、公正和共识以及有效性、相关性、协调性及力求发展中国家参与的原则。

味着该标准并非所有部分都同等适用于所有类型的组织，而且对于每一个核心主题和问题，组织都应该通过自身思考及与利益相关方对话来识别与己相关的社会责任重要内容。二是 ISO 26000 所关注的社会、环境等方面的议题，日益受到社会公众的普遍认可，那么，组织在这些方面的表现将受到来自不同利益相关方的密切监督，从而对组织的竞争优势，声誉，吸引和留住劳动者或成员、顾客、客户或用户的能力，保持雇员的士气、奉献精神和工作效率，投资者、所有者、捐助者、资助者和金融界的看法，组织与公司、政府、媒体、供应商、同行、客户及运营所在社区的关系等产生影响。由此可见，尽管 ISO 26000 所界定的社会责任内容非常广泛，但企业按照它的要求进行社会责任管理，无需增加新的内容，只需关注相关方面的核心内容，重要的是一种新的社会责任理念的融入，因此不会给企业增加额外负担。相反，却会帮助企业获得强有力的市场竞争优势、负责任的企业声誉、对员工的吸引力等，从而推动企业的持续发展和利润的不断增长。

2 ISO 26000对中国企业在组织治理方面的影响及对策

2.1 社会责任核心主题之组织治理综述

2.1.1 定义和范畴

ISO 26000对组织治理的定义是“组织为实现其目标而制定和实施决策的系统”。[1] 在商业运营的语境下对这一主题进行理解时，即针对企业，组织治理也可理解为公司治理。经济合作与发展组织在《公司治理结构原则》文件中对公司治理给出的定义是：“公司治理结构是一种据以对工商公司进行管理和控制的体系”。公司治理结构明确规定了公司的各个参与者的责任和权利分布，诸如董事会、经理层、股东和其他利益相关方。因此，本部分的分析均基于ISO 26000组织治理主题下的内容，以企业为受众，围绕公司治理展开。

ISO 26000对公司治理的不同机制类型、可能存在的差异性、对于企业履行社会责任的重要性以及在社会责任语境下的特殊性进行了如下解释：

（1）公司治理包括正式治理机制和非正式治理机制。前者以既定的结构和程序为依据，而后者的形成与企业的文化和价值观有关，并通常受到企业领导层的影响。

（2）公司治理系统的变化取决于企业规模、类型以及运营所在地的环境、经济、政治、文化和社会的背景的变化。为实现企业目标而拥有权力和责任的某个人或某些人（所有者、成员、组成单位或其他）也会对公司治理系统产生影响，因为他们往往主导着公司治理系统的运行。

（3）公司治理是企业的内部决策框架，是企业的核心职能。它能使企业对其决策和活动所产生的影响承担责任，并将社会责任融入整个组织及其各种关系中。因此，公司治理是影响企业履行社会责任的最关键因素。

（4）就社会责任而言，公司治理具有特殊性。因为，它既是企业社会责任实践的核心主题，又是企业提高履责能力、促使企业在其他核心主题方面采取对社会负责任的行动的具体方法。同时，也是企业落实ISO 26000提出的社会责任七大原

---

[1] Guidance on social responsibility，ISO/FDIS 26000:2010(E)，p21。

则，即担责原则、透明度原则、良好道德行为原则、尊重利益相关方的利益原则、尊重法治原则、尊重国际行为规范原则、尊重人权原则的关键点和有效途径。

2.1.2 原则和考虑

ISO 26000对公司治理应该具备的对履行社会责任有利的决策程序和结构提出了明确的要求和建议。

➢ **提出判断公司治理促进企业履行社会责任有效性的原则**

企业需要确保将担责原则、透明度原则、良好道德行为原则、尊重利益相关方的利益原则、尊重法治原则、尊重国际行为规范原则、尊重人权原则纳入决策过程。企业在构建和评价治理系统时，不但要考虑社会责任原则，而且要考虑如何将社会责任两大基本实践，即认识社会责任和利益相关方参与，纳入到决策和实施过程。同时，企业在决策过程中，还要全面考虑其他6个社会责任主题，即人权、劳工实践、环境、公平运营实践、消费者问题、社区参与和发展，确保重要的社会责任议题能够得到及时、有效的管理。

➢ **明确尽责审查是企业管理社会责任议题的有用方法**

ISO 26000明确指出“尽责审查是组织处理社会责任问题的一种有用方法。”[1] 社会责任背景下的尽责审查，是确定组织决策和活动对社会、环境和经济的实际和潜在的消极影响的综合性和预防性的过程，旨在避免和减轻这些消极影响。

尽责审查也可能包括对他人的行为施加影响，就是发现他人是侵犯人权或其他违法行为的原因而本企业可能会牵涉其中的情况下，担负起对他人行为施加影响的责任。

在任何尽责审查过程中，企业应当考虑其运作或活动所在国家的背景，自身活动的潜在和实际的影响，以及与自身活动有密切联系的其他实体或个人的行动造成负面后果的可能性。在识别潜在的行动领域时，企业应当努力从可能受到伤害的个人和群体的角度出发，以更好地理解挑战与困境。

➢ **需要建立有利于企业履行社会责任的决策程序和结构**

ISO 26000要求企业通过建立决策程序和结构（见表2-1），以推动落实社会责任原则和两大基本实践，特别是将这些原则和两大基本实践有效贯穿到社

[1] Guidance on social responsibility, ISO/FDIS 26000:2010(E), p22。

会责任主题中。

表 2-1 有利于企业履行社会责任的决策程序和结构

步 骤	行 动
建 立	制定反映企业社会责任承诺的战略、目标和指标
	表明领导层的承诺和担责
	营造并培育社会责任原则得以落实的环境和文化
	创建与社会责任绩效相关的经济和非经济激励制度
执 行	有效利用财务资源、自然资源和人力资源
	为代表人数不足群体（包括妇女、种族和族群）在企业中担任高级职位创造公平的机会
	平衡企业与利益相关方的需要，包括当前的需要和后代人的需要
	建立与利益相关方的双向沟通机制，确定具有共识和存在分歧的领域，并协商解决可能引起的冲突
	鼓励各层次雇员有效参与企业的社会责任活动
检 查	确保企业高层管理人员的权力、责任与其能力相匹配
	跟踪了解决策、制度的执行情况，确保企业落实决策、制度的方式是对社会负责任的，不论结果是积极还是消极的，确定能够对自身决策和活动的结果承担责任
改 进	定期审查并评估企业治理程序，根据审查结果调整程序并在企业内通报变化

2.2 中国企业在组织治理主题上面临的挑战

2.2.1 在建立有利于企业履行社会责任的决策程序和结构方面的挑战

➢ **认识上，对社会责任重要性的认知程度提出更高的要求**

ISO 26000 指出反映社会责任的战略是公司治理中的重要内容。在 2011 年 11 月举行的中央企业社会责任工作会议上，国务院国资委副主任黄淑和指出，“做强做优、培育具有国际竞争力的世界一流企业，是‘十二五’中央企业发展的核心目标。分析世界一流企业，无一不是具有强劲的可持续发展能力，突出表现在自主创新能力强、资源配置能力强、风险管控能力强、人才队伍强，突出表现在经营业绩优、公司治理优、布局结构优、企业形象优，在国际同行业和消费者中具有卓越的影响力。这些都是企业履行社会责任的重要议题。”而纵观目前中国企业的发展战略，仍然以扩大市场、增加营业收入作为核心内容，把“进入世界 500 强”作为一项重要的战略目标。《2011 金蜜蜂中国企业社会责任实践基准报告》（WTO经济导刊）显示，在关于“在企业发展战略中，是否有关于社会责任的内容”的调查中，参评企业平均得分率为53.70%。中国企业还未能站在战略层面，对社会责任进行认知和理解。

➢ **理念上，企业还未意识到把社会责任作为一种管理方式**

社会责任实践来源于企业对社会责任的有效管理。ISO 26000明确提出企业需要在发展战略中反映出对履行社会责任的承诺，并且要求企业能够通过设定相关目标加以落实、通过指标加以考核等一整套机制进行管理。目前，在对中国企业的社会责任报告的相关研究结果显示，大部分报告未披露社会责任管理机构及管理机制的信息❶，只有少数企业专门制定了社会责任工作规划，在企业发展规划中单独体现出社会责任战略目标。

➢ **行动上，企业管理层缺乏对社会责任工作的高度参与**

ISO 26000特别强调，对于有效的公司治理，管理层的参与至关重要，这表现在决策过程，动员员工践行社会责任，以及将社会责任融入组织文化等多个方面。而中国企业的管理层对于社会责任工作的参与程度还略显不足，《2011金蜜蜂中国企业社会责任实践基准报告》（WTO经济导刊）显示，只有49.14%的企业高层人员在公开演讲中提及社会责任。

➢ **方法上，企业缺乏创建与社会责任绩效相关的非经济激励制度的经验**

非经济激励制度对于中国企业来说，并不是一种全新的激励制度。但是如何把其应用于社会责任绩效管理对中国企业来说是一项挑战。这种非经济激励制度，应该有利于引导企业的各层级员工不断提升责任意识，不断学习履行社会责任的方法，努力在工作中以一种负责任的行为进行实践，最终使企业形成更多的对社会和环境产生有利影响的社会责任绩效。

➢ **时机上，企业建设一种新的文化——责任文化的条件与基础还不够成熟**

正如ISO 26000所指出的，在企业内部培育社会责任文化可能需要很长的时间。因此，ISO 26000建议企业从现有的价值观和文化出发系统地推进这项工作。然而对于企业文化与社会责任的关系，现在并没有一个定论，这也更使得在企业文化和社会责任之间建立起有机的联系难上加难。需要企业根据自身的情况，及时梳理、总结、提炼，在社会责任实践和社会责任管理实践过程中形成自身独特

---

❶ 金蜜蜂中国企业社会责任报告研究2011[J]. WTO经济导刊. 2011，第18页。

的社会责任文化。

2.2.2 在执行有利于企业履行社会责任的决策程序和结构方面的挑战

➢ **认识上，对利益相关方参与的价值和意义重视不够**

“利益相关方”是一个“舶来品”，从英文单词“stakeholder”翻译得来，是随着社会责任在中国的发展而出现的。这在一定程度上影响了中国企业对这个社会责任核心词汇的深刻理解。而利益相关方的识别和参与，也影响着ISO 26000提出的“对谁履行责任”的问题。《金蜜蜂中国企业社会责任报告研究2011》（WTO经济导刊）中反映出，只有少部分中国企业能够识别自身的利益相关方并对其进行集中表述[1]，对于利益相关方要求和期望的理解还有所欠缺，尚未形成比较成熟的对利益相关方的责任理念，也尚未把对利益相关方的责任理念与企业战略的实现建立起有机联系。[2]

➢ **方法上，还未完全掌握平衡企业自身与利益相关方需求的方法**

ISO 26000对企业在管理自身需求与利益相关方需求的过程中要实现“平衡”，这一要求抽象且无法衡量。企业无法做到满足每一个利益相关方的要求，也无法实现在不考虑自身需求的情况下只追求对利益相关方需求的满足。因此，一个企业的责任内容和边界不能被无限放大，它需要通过平衡，达到追求与利益相关方的共赢，为自己和利益相关方实现价值最优化。

➢ **办法上，缺乏对财务资源、自然资源和人力资源有效利用的综合性考虑**

ISO 26000要求企业通过公司治理，不仅能够有效利用财务资源，为公司创造更多的财务价值。还需要充分考虑对自然资源、人力资源的有效利用，在决策过程中追求经济、社会和环境的综合价值最大化。这需要中国企业作出相应改变，在决策过程中除了需考虑技术可行、经济合理和能力可及之外，还要进一步考虑社会认可、环境友好和价值的综合性。

➢ **机制上，利益相关方参与机制不完善**

在社会责任语境下，ISO 26000对企业的沟通行为提出了更高的要求。在沟通方式上，要求企业建立双向沟通程序，既对外向利益相关方进行信息传播，又从利益相关方处获取反馈；在沟通内容上，应该涉及ISO 26000提出的社会责任

---

[1] 金蜜蜂中国企业社会责任报告研究2011[J]. WTO经济导刊. 2011，第20页。

[2] 金蜜蜂中国企业社会责任报告研究2011[J]. WTO经济导刊. 2011，第31页。

七大主题所相关的理念、行动、绩效；在沟通目的上，不仅仅是企业自身的一种宣传，更重要的是确定具有共识和存在分歧的领域，并协商解决可能的冲突。同时，ISO 26000还强调了对一些群体的关注，如妇女，为其参与企业管理提供公平的机会。这对于中国企业来讲，也是一种来自利益相关方的责任诉求。

➢ **行动上，社会责任尚未完全融入企业日常运营**

公司治理作为一种内部决策框架，会对企业的整体活动产生影响，是社会责任融入企业日常运营的关键因素。如何有效推动员工参与到企业的社会责任活动中来，即各个生产流程、各个管理环节、各个层级的员工都能认识社会责任、履行社会责任，使社会责任融入企业的日常运营，这是值得深入研究的新课题。目前，中国企业仍在探索过程中。在对一个已经连续6年发布社会责任报告的中国企业所进行的调查结果显示，超过60%的员工认为把社会责任理念融入日常工作是一项挑战。[1]

2.2.3 在检查有利于企业履行社会责任的决策程序和结构方面的挑战

➢ **理念上，对高层管理人员能力与企业可持续发展绩效之间关系的认知不到位**

近年来，人们对一些企业高管高薪酬的现象一直有争议。其中，一个重要的原因是对其合理性的质疑。而判断其合理性的一个重要方面是对高管权利、责任与能力的匹配度。以往的衡量标准更多的是关注高管能否为企业带来良好的经济效益，ISO 26000则要求企业管理层能够对决策和活动所产生的经济、环境和社会影响负责，并且能够有能力对这些影响进行有效管理，最终体现为经济、环境及社会的综合绩效。

➢ **方法上，"对社会负责"还未成为判断企业落实政策、制度情况的考虑因素**

企业对于政策、制度落实情况的考核，通常通过制定考核指标来实现。而考核指标更多关注的是工作任务的完成情况，ISO 26000则明确提出要以"对社会负责"作为判断企业落实政策、制度情况的考虑因素之一，即判断政策、制度的实施是否会对利益相关方造成不利的影响，这些不利影响是否能通过这些政策和制度进行有效的管理。

➢ **行动上，利益相关方监督作用的发挥不够充分**

ISO 26000要求企业在决策阶段就要保持透明度，对利益相关方进行公开承

---

[1] 金蜜蜂中国企业社会责任实践基准报告2011[J]. WTO经济导刊. 2011。

诺。同样在检查阶段，监控相关决策的执行和落实情况，包括是否对影响承担了责任、是否努力消除了消极影响，利益相关方的监督作用也发挥着重要作用。但如何发挥利益相关方的监督作用、如何有效收集利用利益相关方的监督反馈、如何使利益相关方的反馈在绩效中得以体现，中国企业还未形成成熟的方式与方法。

2.2.4 小结

正如联合国前秘书长安南所指出的，“企业社会责任并不是要求企业做新的事情，而是要求企业以新的方式做事。”对于中国企业来说，公司治理并不是一个新生事物。但是在社会责任语境下，ISO 26000 要求企业分析、理解 ISO 26000 针对公司治理所提出的新的概念、新的方法和新的行动，这种“新”在某些情况下还意味着在传统公司治理的内容、边界上提出了更多的要求、更高的标准。总体而言，中国企业面临的挑战主要体现在以下几个方面：

（1）对相关的社会责任理念的总体认知不到位。公司治理是企业制定和实施决策的系统，ISO 26000 要求企业在公司治理中就要关注社会责任，这就意味着企业需要从战略高度、决策阶段、管理层级对社会责任予以足够的重视，把社会责任作为一种系统性的管理来考虑。然而，目前中国企业尽管对社会责任有一定的认识，但还未达到这个高度。

（2）对相关的社会责任管理方法运用不到位。ISO 26000 对于如何进行公司治理，从社会责任视角提出了一些新的管理方法，包括把尽责审查作为处理社会责任问题的一种有用方法；在了解利益相关方要求与期望的基础上，要平衡利益相关方的需要，而不是一味地满足某个利益相关方单方面的需求；把环境、人力也作为重要的资源进行管理和利用，实现资源的最优配置，创造最优的综合价值等。这些都是需要中国企业进行学习、理解和应用的。

（3）在企业实践上缺乏整体性以及对特定实践的落实。ISO 26000 中的公司治理要求企业从决策、行动到绩效，在每一个运行环节都要考虑经济、环境和社会影响；从财务、物力到人力，在每一个经营管理活动中保持负责任的行为；从管理高层到一线员工，从内部利益相关方到外部利益相关方，都进行有效的沟通和参与。目前，中国企业较为零散、缺乏目的性的企业行为还无法实现这种包含全过程、覆盖全方位、带动全体员工的系统性实践。

尤其是一些特定实践，如“为代表人数不足群体（包括妇女、种族和族群）在企业中担任高级职位创造公平的机会”[1]，还未纳入到公司治理范畴。

---

[1] Guidance on social responsibility，ISO/FDIS 26000：2010(E)，p22。

2.3　中国企业在组织治理主题上面临的机遇

2.3.1　在建立有利于企业履行社会责任的决策程序和结构方面的机遇

➢ **反映社会责任承诺的企业战略有利于推动企业对可持续发展的不断追求**

企业战略反映了企业在一定时期内经营活动的方向和所要达到的水平。当企业战略的制定过程考虑到了 ISO 26000 所提出的社会责任原则以及社会责任两大基本实践，并且以一种社会责任承诺的形式表达企业对于履行社会责任的一种态度、立场和意愿时，将有利于企业不断提高其自身社会责任的透明化、管理社会责任的过程透明化、履行社会责任的结果透明化，引导企业以一种更为负责任的行为方式，向着可持续的目标发展。

国家电网：将社会责任融入战略目标

在 2009 年的社会责任报告中，国家电网公司明确指出将履行社会责任、推进可持续发展的理念融入公司发展战略，重新诠释了公司 2002 年提出建设“一强三优”（电网坚强，资产优良、服务优质及业绩优秀现代公司）的战略目标。国家电网公司对于公司战略目标的重新诠释，在稳步推进企业社会责任实践走向深入的同时，也使公司的社会责任和可持续发展理念得以不断丰富和发展。

从“电网坚强”来看，作为一个安全、可靠和高效的物理电网，不应仅仅停留在经济层面的考虑上，还要从社会和环境的系统影响方面加以考虑和评估，更好地发挥出电网的正面价值。同时，避免不必要的负面影响和负面价值。

从“服务优质”来看，不仅要对用户客户提供持续优质的服务，对其他利益相关方特别是供应商、承包商和相关合作伙伴也要做到公平对待、热情友好，把更多的利益相关方诉求和期望纳入到公司的管理视野中来。

从“资产优良”来看，公司的资产不仅体现在有形资产和品牌上面，也体现在社会资本和价值认同上。同时，还较好地处理了责任与成本的关系，即公司履行社会责任不是成本负担，而是社会投资，是对公司的社会的贡献和价值体现。

企业社会责任从微观上来讲，企业要平衡好各利益相关方的诉求、期望和利益；从一般角度来看，是要兼顾好经济、社会和环境目标，创造综合经济、社会和环境效益；从宏观的角度来看，要体现出对整个社会价值的积极影响，促进全社会的可持续发展。国家电网公司对“业绩优秀”的深化表达也正是公司对可持续发展价值的具体体现。

➢ **提升企业决策的科学性**

企业从社会责任的视角重新审视其决策程序和结构，把经济、环境和社会综合价值最大化、推动利益相关方参与等社会责任管理方法纳入决策流程，能够提升决策的科学性，使决策为利益相关方创造最大价值。

国家电网：追求共赢的工程决策

西藏电网是我国唯一孤网运行的电网，电力工业发展难以满足地方经济社会发展需要。一是缺电问题日趋严重，制约了西藏经济社会的快速发展；二是供电保障薄弱，由于大机小网和孤网缺乏外部事故支援，西藏电网供电可靠性处于较低水平，多次发生大面积停电；三是现有电力资源无法实现优化配置，西藏地区主要依靠水电，夏季丰水期水电窝电，电送不出去，冬季枯水期缺电严重，电送不进来；四是潜在的水电资源优势无法转化为经济优势，西藏地区水电资源丰富，经济可开发容量超过上亿千瓦，相当于6个三峡电站，但是没有外送通道，无法进行大规模开发。

西藏地方政府和人民期待早日结束西藏电网长期孤网运行的历史。但是，要挑战沿线海拔最高、施工冻土区最长“两个世界之最”，攻克“高原生理健康保障困难、高原生态环境极其脆弱、高原高寒地区冻土基础施工困难、高海拔过电压与绝缘配合及设备研制难度大”等“世界工程难题”，需要信心、决心和勇气，需要使命感、责任感和奉献精神。国家电网公司党组主动提出将建设青藏联网作为贯彻落实国家“援藏援疆”战略的重大决策部署，目的就是为了维护西藏人民的根本利益、促进东西部区域协调发展、服务国家能源战略大局。

2.3.2 在执行有利于企业履行社会责任的决策程序和结构方面的机遇

➢ **利益相关方沟通为企业创造价值**

利益相关方沟通对于企业来说，已经不是一种单纯的宣传手段。常态化、系统化的利益相关方沟通，可以帮助企业与利益相关方形成更为紧密的合作伙伴关系，倾听他们的需求，学习他们的长处，并把利益相关方反馈作为制定企业责任战略和对外信息披露的重要参考，为企业的发展营造一种积极、和谐的外部环境。

戴姆勒中国：更深的了解，更好的作为

从 2010 年开始，戴姆勒每年在中国开展利益相关方对话会活动。2010 年，“第一届戴姆勒可持续发展论坛”在上海世博园联合国馆举办，以“道德标准与企业责任”为主题，这是戴姆勒首次在德国之外举办此活动，邀请了来自国际组织、学术机构、政府组织以及业务合作伙伴的代表；2011 年，举办了“第二届戴姆勒可持续发展对话会”，以中国视角就环境、人力资源以及社会领域的可持续发展议题与利益相关方交换意见；2012 年，举办了“戴姆勒可持续发展对话会 · 中国 2012”，利益相关方代表与戴姆勒公司高层针对多个社会责任议题进行了积极、广泛和深入的探讨。戴姆勒希望通过与利益相关方的沟通，促使更多中国本土企业了解戴姆勒对未来科技的愿景以及对全球化世界中负责任企业公民的理解，带动他们参与社会责任精神和可持续发展的讨论。通过对话所达成的共识不仅将为戴姆勒在中国这一重要市场的可持续发展之路提供有力借鉴，同时也提供了一个重要的信息分享平台。

➢ **打造责任员工，形成人力资源竞争力**

虽然，实现全员履行社会责任、使每一个员工都能积极参与到社会责任活动中来，对于中国企业来说是一个极大的挑战。但是，对于责任员工的培养可以帮助企业获得人力资源竞争力。

中国南方电网公司：《社会责任 ABC》

“我们的责任在每一秒钟，每一瞬间。”公司过往的成绩由每一位员工共同写就；面向“十二五”，面对新的发展机遇和挑战，公司未来的发展，更是需要每一位员工以更加负责任的方式投身工作。为了帮助广大员工更好地了解社会责任的内涵和岗位工作的关系，更加充分地发挥每一个岗位的价值，推动公司成为服务好、管理好、形象好的国际先进电网企业的战略目标的实现，中国南方电网公司组织编写了社会责任普及读物——《社会责任 ABC》，介绍了企业社会责任基本知识、南方电网公司履行社会责任理念和主要实践，以及履行社会责任的基本方法和公司员工履行社会责任的优秀实践供员工参考，以期能够使每一位员工从社会责任的视角重新审视本职工作，以负责任的方式做好工作中的每一件事情。

2.3.3 在检查有利于企业履行社会责任的决策程序和结构方面的机遇

责任危机的杀伤力巨大，可以轻易地摧毁一个成熟的知名品牌，让多年积累的品牌价值，顷刻间灰飞烟灭。在一定程度上讲，绝大部分的企业危机都来源于企业社会责任的缺失。而 ISO 26000 要求企业“跟踪了解决策、制度的执行情况，确保企业落实决策、制度的方式是对社会负责任的，并确定能够对自身决策和活动的结果承担责任，不论结果是积极还是消极。”[1] 这可以帮助企业有效预防和应对责任危机的发生。

通过公司治理体系中的检查流程，发现政策、制度的落实会对社会产生负面影响之时，可以快速了解原因，提早采取改进措施。同时，能够及时与利益相关方沟通。对于不可避免的消极结果，企业通过检查要确保自身有足够的资源、有效的方式进行应对。

2.3.4 小结

参照 ISO 26000 对已有的公司治理系统重新进行审视，可以促进企业以一种更为前瞻性的、科学的方式不断优化自身的决策机制。

➢ **提升企业对决策的社会价值的认知**

企业的决策不仅会影响企业自身的经营管理，还会对利益相关方，以及所处的自然环境和社会环境产生重大影响。当企业意识到自身的决策不仅是一种商业行为，更是一种社会行为时，以可持续发展为目标、以社会责任的视角进行决策管理将成为企业的一种必然选择。

➢ **社会责任促进企业决策流程的不断优化**

社会责任为企业优化决策流程提供了新的方法和途径。在企业原有的可行性分析中，环境友好、社会认可等新的因素被考虑进来；决策过程也不再仅仅局限于企业内部的程序，而是把利益相关方的沟通和参与纳入到决策程序中，决策的透明度得到不断提升；决策结果不仅影响着企业的财务价值，还会提升企业对自然资源、人力资源的有效利用。

➢ **推动企业把公司治理作为社会责任管理的起点**

负责任的决策可以帮助企业更好地认识和管理各种社会风险，更为全面

---

[1] Guidance on social responsibility, ISO/FDIS 26000：2010(E),p23。

地评价决策的合理性和可行性，使企业在决策阶段便开始考虑担责原则、透明度原则、良好道德行为原则、尊重利益相关方的利益原则、尊重法治原则、尊重国际行为规范原则和尊重人权原则，促使企业在经营管理活动中采取对社会负责任的行动的具体方法，更为系统、有步骤地推进企业的社会责任管理实践。

2.4 中国企业应对组织治理主题的对策措施

2.4.1 把社会责任作为一种战略性思维

企业履行社会责任，首先要从战略层面对社会责任予以重视。在战略的制定过程、战略目标的设定等方面，均需要考虑如何以负责任的方式，创造经济、环境和社会的综合价值，最大化企业对可持续发展的贡献。并且在决策环节，以一种透明的方式，广泛听取利益相关方的要求与期望，平衡他们的诉求，最终形成一种能够有效利用各种资源的管理方式，进行企业的经营管理。

2.4.2 把利益相关方沟通和参与作为公司治理的有效方法

公司治理并不是完全企业内部化的一项管理行为，它会与企业的多个利益相关方发生直接的或间接的潜在的联系。企业应该有效利用沟通手段，把利益相关方的反馈作为决策的必要参考，真正实现对利益相关方影响的管理。企业还需要及时使利益相关方获悉决策的结果，对于由决策所带来的企业与利益相关方之间的分歧，以及对利益相关方产生的不利影响，共同制定切实的解决方案。因此，要把利益相关方沟通和参与贯穿于企业的经营活动、运行机制和日常管理。

2.4.3 获取管理高层对社会责任工作的重视、支持和参与

公司治理行为与企业的管理高层有着紧密的联系。管理高层的社会责任意识与能力，在一定程度上决定着企业决策负责任的程度。因此，一方面企业需要保证决策人能力与其所拥有的权力和所肩负的责任相匹配；另一方面，企业需要提供一定的资源和机会，促使管理高层能获取最新的社会责任知识、了解社会责任最前沿的信息，从而具备与时俱进的社会责任意识，对企业的社会责任工作给予足够的重视、支持，甚至亲身参与。

2.4.4 在企业内部形成履责软驱动力

不要忽视非正式的治理机制在推动企业履行社会责任方面的作用，这包括企

业文化、价值观、员工的群体意愿与追求、非经济的激励与认可等。社会责任与这些非正式的治理机制的融合，在有些情况下可以帮助企业更加有效、快速地推动社会责任理念与公司现有制度、流程等工作机制的融合。这些非正式的治理机制可以成为促进企业履行社会责任的软驱动力，这种软驱动力的选择和形成并无一定之规，企业可以根据自身现状，选择一个已经与社会责任理念相接近的方面作为切入点，配合正式的治理机制，共同推动企业建立起一套负责任的公司治理体系。

3 ISO 26000 对中国企业在人权方面的影响及对策

3.1 社会责任核心主题之人权综述

3.1.1 定义和范畴

ISO 26000 指出了人权的基本内涵——“人权是人人享有的基本权利。广义的人权分为两类：第一类是公民权利和政治权利，包括生存权、自由、法律面前人人平等和言论自由等权利；第二类是经济、社会和文化权利，包括劳动权、食物权、获得最高健康水平的权利、教育权和社会保障权等权利。”[1] ISO 26000 人权主题共涉及八大议题，包括“尽责审查”、“人权风险状况”、“避免同谋”、“处理投诉”、“歧视和弱势群体”、“公民权利和政治权利”、“经济、社会和文化权利”和“工作中的基本原则和权利”。

3.1.2 原则和考虑

➢ **人权责任的原则**

ISO 26000 认为，人权是固有的、不容剥夺的、具有普遍性的、不可分割的和相互依存的。具体而言：人权是固有的，是每一个人与生俱来的权利；人权是不容剥夺的，是指人权不允许被人们所放弃，或被政府或任何其他机构所剥夺；人权是具有普遍性的，是指人权适用于每一个人，无论其地位如何；人权是不可分割的，在于没有任何人权可以被有选择地忽视；人权是相互依存的，在于某项人权的实现有助于实现其他人权。

➢ **人权责任的考虑**

企业和个人都能直接或者间接地影响人权。企业有责任尊重人权，进行尽责审查，不侵犯他人权利，并为实现人权作出贡献。

企业支持人权的最大机会通常存在于自身运营及雇员当中。此外，企业还有

---

[1] Guidance on social responsibility，ISO/FDIS 26000:2010(E),p23。

机会与其供应商、同行或其他组织和更广泛的社会有关方面一起努力。在某些情况下，企业可能希望通过与其他组织和个人的合作来提升对人权问题的影响力。

企业在试图影响其他组织时，通常应当始终考虑可能造成的负面或始料不及的后果。企业应当考虑促进人权教育，以提升权利持有人和有可能影响权利持有人的人员的人权意识。

3.2 中国企业在人权主题上面临的挑战

3.2.1 尽责审查方面的挑战

➢ **理念上，缺乏建立尽责审查机制的意识**

ISO 26000 指出所有企业均应主动开展人权尽责审查，这是企业面临的崭新问题，很多企业尚无尽责审查的意识，没有认识到尽责审查的必要性和重要性。在 ISO 26000 出台之前，“尽职调查”主要用于经济领域，在实践中主要限于股票上市、收购兼并、重大资产转让等交易行为中。在其他方面，企业还很少做尽责审查，或者几乎没有意识到对人权还要做尽责审查。

➢ **方法上，如何开展和运用尽责审查尚不明确**

目前，我国的尽责审查方法都是由有关主体（如会计事务所、律师、银行、兼并企业等）进行，企业一般被动接受调查。而 ISO 26000 规定的尽责审查方法有两种：一是企业应做出应有努力来认识、认定、预防和处置由其活动导致的对人权产生的现实或潜在影响；二是影响其他各方的行为（如果其他各方是导致违反人权的原因）。我国企业虽然也有尊重人权的义务，但是如何开展和运用尽责审查尚不明确。

➢ **行动上，尽职调查加入新的内容**

当前我国的尽职调查主要是就有关企业的财务状况、注册登记情况、重大交易情况、企业涉及诉讼或仲裁的情况进行调查。总体而言，是与企业经营相关的行为，着眼点在企业相关情况的真实性、企业的盈利状况等经济方面的内容，并没有涉及到社会责任方面内容的审查。而在 ISO 26000 中，尽责审查的内容侧重于各类企业对国际标准的遵守情况。其中，特别强调对人权的尊重和保护情况。对企业来说，对人权状况的尽责审查，是企业社会责任工作的一项全新内容。

3.2.2 人权风险状况方面的挑战

目前，企业对人权的认识还相对淡薄，尤其是在突发事件、灾难的面前，对人权的重视程度还不够，处理不当就有可能造成进一步伤害。

动车甬温线“7·23”特大事故

2011年7月23日晚上20点31分，动车D301与D3115在温州发生追尾，造成40人死亡，约200人受伤。“7·23”甬温线特别重大铁路交通事故是一起因列控中心设备存在严重设计缺陷、上道使用审查把关不严、雷击导致设备故障后应急处置不力等因素造成的责任事故。

该事故宣布救援行动结束后，在拆解车体的时候发现1名生还的女童。铁路部门在没有完全确定没有生命迹象的情况下，就准备清理现场、掩埋事故车头，引起民众质疑。

据媒体和公众评论，虽然铁路部门是为了尽快恢复通车，但停止搜救没有考虑到可能尚存的生命，没有把人的生命权放在首位，差一点就造成了对人权的进一步伤害。

3.2.3 避免同谋方面的挑战

➢ **理念上，缺乏对“同谋”的认识和判断**

我国法律没有类似“同谋”问题的表述。很多中国企业，对“同谋”的理解和认识尚不清楚，也就无法准确掌握判断的标准。

例如，缺乏对“冲突矿产”的风险认识，就有可能导致同谋问题的产生。“冲突矿产”是指锡、钽、钨、金等原产于刚果民主共和国及其周边国家的矿物，这些矿产的销售可能为这些国家持续的武装冲突提供财力支持。联合国指责来自刚果的锡、金、钽、钨4种矿产是“反政府势力的资金来源”，并于2009年决定对刚果及其周边国家进行制裁。企业如果不了解“冲突矿产”的背景，购买了“冲突矿产”国家的产品，就会被视为同谋，也可能带来声誉风险。

➢ **方法上，没有避免同谋的流程和管理体系的支持**

企业在面对避免同谋这一新的管理内容时，不知如何将其融入到原来的管理方法上，没有既定的相关的流程可以遵循，其原有的管理体系也未曾涉及。

➢ **行动上，没有人、财、物的资源相匹配**

目前，我国企业大部分都还没有指定专门的人员去管理避免同谋现象，也没有安排专项资金去进行尽责审查，在安保措施上也做得不到位，没有相应的人、财、物支持。

3.2.4 处理投诉方面的挑战

➢ **理念上，缺乏主动维护、畅通员工申诉渠道的认识**

部分企业由于希望投诉越少越好，甚至对投诉方施加压力、妨碍其法律申诉等，没有主动维护员工投诉权利和畅通员工申诉渠道的认识。

➢ **方法上，对投诉问题的妥善解决还存在困难**

我国很多的企业均设立信访处或者类似其功能的机构，用来处理投诉问题。但是存在企业投诉机构错位、越位的现象严重。在处理投诉过程中，通过领导的重视和批示，有相当一部分的投诉事项能得到解决，但仍有相当一部分投诉事项的处理运用的是法治以外的方式，或强压或妥协或哄骗等，找不到妥善解决的途径和方法，甚至不知如何处理。

➢ **行动上，处理投诉执行不力**

部分企业在面对大量的群体信访或矛盾激化的各类个体投诉时，上有领导指令化解的压力，下有群众极端不满的怨气，企业投诉部门在解决投诉事项的过程中处于两难境地，往往执行不力。

3.2.5 歧视和弱势群体方面的挑战

➢ **理念上，缺乏对弱势群体歧视的认识**

有些企业对于弱势群体的歧视视而不见，有些企业则并没有意识到自己对弱势群体的歧视。例如，对农民工、妇女和残疾人雇佣的歧视。部分企业并没有意识到农民工与其他员工应一视同仁；招聘时男性优先，是对女性求职者的歧视；不雇佣残疾人，本身就是一种雇佣歧视。在对待农民工问题上以及在招聘上转变意识，不歧视弱势群体，将会成为部分企业在人力资源管理方面面临的挑战。

➢ **行动上，有效保障农民工、残疾人的权益存在困难**

农民工是我国经济社会转型时期的特殊群体，由于现实与历史的原因，农民工群体一直处于城市的边缘，收入水平低且受歧视——基本权益得不到保障。根据一项调查显示，我国农民工受歧视的状况主要有：农民工取得劳动报酬权频遭侵害，同工不同酬，拖欠劳动报酬的现象严重；工作环境恶劣，工作安全得不到保障；基本的社会保障得不到满足；劳动合同签订率较低。❶ 保障农民工的权益，以及将农民工与正式员工一视同仁是目前我国部分企业面临的挑战。

虽然我国就业法明确规定，禁止在就业问题上歧视残疾人，但是到目前为止，残疾人在大多数企业中仍然受到歧视，有些企业甚至公开拒绝录用残疾人。根据我国2006年第二次全国残疾人抽样调查显示：在我国8296万残疾人中，目前在业的有297万人，尚有858万人有劳动能力、达到就业年龄的残疾人没有实现就业，后者是前者的2.9倍。在总残疾人口中，有劳动能力的残疾人比例是84.3%，部分丧失劳动能力的占13.6%，丧失劳动能力的占2.0%。❷

3.2.6 公民权利和政治权利方面的挑战

➢ **理念上，部分要求不符合中国国情**

ISO 26000以国际行为规范为依据，对公民权利和政治权利提出了一系列要求，这主要来源于西方经济发达国家的社会政治生活实践，没有充分照顾发展中国家的实际，与中国国情不相符。ISO 26000所遵循的国际准则、规范《公民权利和政治权利公约》（1966年）我国对此条约有所保留，尚未在我国获得批准。

ISO 26000提出，"公民权利和政治权利包括绝对权利，如生命权、有尊严的生活、免受酷刑权、人的安全权、个人财产权、个人自由和尊严，以及面临犯罪指控时应有的法律程序权和公正的听证权等绝对权利。这些权利还包括言论和表达自由，和平集会和结社的自由，宗教自由，信仰自由，免受随意干涉隐私，家庭、住所或通信免受侵扰，荣誉或声誉免受攻击，以及公共服务获取权和参加选举权。"❸这些条款对我国长期坚持的依法管理宗教事务的政策造成冲击，甚至形成冲突。

ISO 26000主要以西方的社会政治实践为依据提出了大量企业应保障和促进的公民政治权利，涉及言论自由、和平集会和自由结社、保持信仰自由、接受和从事宗教的自由等，以及隐私权、获得公共服务权和参与选举权等。对于这些政治权利，我国法律强调的是"在法律允许的范围内"、"不损害国家、公共和他人利益的前提下"加以行使，但ISO 26000标准条文中没有充分加以体现。

关于"公民权利和政治权利"在方法和行动上的挑战，本文将不在此作

---

❶ 农民工权益保护现状浅析，http：//www. mingong123. com。

❷ 张俊峰.《反对就业歧视　促进就业平等》（上册）。

❸ Guidance on social responsibility，ISO/FDIS 26000：2010（E），p30。

论述。

3.2.7 经济、社会和文化权利方面的挑战

ISO 26000 所遵循的国际准则、规范主要是《经济、社会和文化权利公约》（1966 年），但我国对此条约有所保留。因此，企业在应用 ISO 26000 的时候，要考虑对于“走出去”的企业要识别所在地的条款，方法上可借鉴本书尽责审查主题提及的方法，行动上可借鉴本书社区参与和发展的内容，此部分将不再展开论述。

3.2.8 工作中的基本原则和权利方面的挑战

➢ **理念上，对原则和权利缺乏认识**

很多企业没有意识到员工有自由结社和集体谈判的权利，把强迫或强制劳动当作是应该的，不认为是强迫劳动，对公司在就业上的歧视也并没有意识到是违法的事情。原因主要是对工作中的原则和权利包含的内容不了解，以及对相关内容的法律界限不了解。

➢ **方法上，缺少相关管理或监督制度不够健全**

例如，有些企业在对待员工平等就业和非歧视方面，没有相应的监督管理制度，也没有评价体系，无法防止工作场所的权利侵犯。

➢ **行动上，自由结社和集体谈判与我国法律存在差异，存在强迫劳动、不平等就业和就业歧视**

（1）自由结社和集体谈判与我国法律存在差异。在我国企业当中，主要涉及对政府限制结社自由和集体谈判的不支持、对其他适用法律约束性文件所确立的更高水平规定的尊重、为工人代表履行其权利提供的便利，这些将是企业要面对的挑战。

ISO 26000 提出员工有结社和集体谈判的自由，可以自由和无需事前得到批准成立自己的组织或选择参加任何组织。在我国，成立工会必须经过审批，法律规定必须依法组建工会。基层工会、地方各级总工会、全国或地方产业工会组织的建立，必须报上一级工会批准。这些都与我国法律存在差异，对企业来说，在目前还是一种挑战。

（2）强迫劳动不能彻底杜绝。虽然大多数企业都懂得强迫劳动是一种严重的违法行为，将会得到法律的惩罚。但是还有少量的企业，存在侥幸心理，为了谋取更多的利益，强迫工人劳动，例如，变相让员工加班或延长工

作时间。

(3) 难以保证雇佣平等和无歧视。ISO 26000所倡导的理念与我国企业目前的认知还存在一定的差距或差异；与传统观念相比存在一定的区别；企业平等用工观念淡薄，错误理解用人自主权；法律法规不健全及部分法规存在差异。这些因素的存在，使得企业难以保证平等雇佣。

就业歧视问题的挑战主要指公平就业，反对歧视。目前，我国很多企业在选择用人方面，还存在一定歧视。尽管我国现行的《中华人民共和国劳动法》、《中华人民共和国就业促进法》，明确禁止基于民族、种族、性别、宗教信仰、残疾、传染病病原携带者、农村进城务工劳工者的歧视。但不可否认，年龄歧视、身体特征等就业歧视状况在我国仍普遍存在。

21家航空公司涉嫌就业歧视　不接受水蛇腰乘务员❶

最近，国内反歧视公益机构——郑州亿人平机构新近开展的一项就业歧视调研情况显示，仅以民航领域为例，国内21家航空公司的招聘公告中对应聘人员的年龄、身体特征、性别、健康、婚育、户籍、社会出身等方面，均涉嫌就业歧视，个别限制性要求甚至已影响到他人的平等就业权。

该机构搜集汇总了国内航空公司近两年对外发布的招聘公告，对招聘岗位包括飞行员、乘务员以及安全员的招聘条件要求进行分类整理，以了解国内航空公司招聘中是否存在就业歧视问题。调查结果显示，国家民航总局网站上公布的26家航空公司中，有21家的招聘公告中分别存在年龄、身高、性别、健康、婚育、户籍、社会出身（本人及家人有无犯罪记录）等方面的歧视。其中，年龄歧视比例高达100%，而艾滋感染者和梅毒被完全排除，还有5家航空公司明确排除乙肝携带者。

在身体特征方面，21家航空公司中有20家的招聘公告中设有身高限制、18家设有外貌限制，比例分别高达95.23%、85.71%。航空公司对相貌的要求颇为苛刻，如有的航空公司"乘务员"岗位要求"五官端正、肤色好、面部无雀斑、痤疮；嘴型好，说话、微笑时无嘴形不对称；牙齿色质好、排列整齐、无明显异色和排列不整齐；面部表情自然、微笑甜美；身材匀称、步态自如、动作协调、仪表清秀、服饰得体、气质好；无驼背、无水蛇腰"。

另外，还有18家航空公司要求无犯罪记录，4家航空公司明确要求未婚，2家航空公司明确排除农业户籍。

❶ 21家航空公司涉嫌就业歧视，不接受水蛇腰乘务员。http://edu.ifeng.com。

3.2.9 小结

ISO 26000 提出人权问题，对企业赋予了更新的要求与更多的期望。我国大多数的企业在此之前都不是很注重对人权的保护，认为保护人权是国家和政府的事，与企业无关。ISO 26000 明确指出了企业应担负尊重人权的责任，在人权的各个议题中，不同属性、不同实际情况的企业可能会遇到不同的挑战。

➢ **人权条款与我国实践及政策法规体系存在差异**

强调人权的普遍性和优先性。ISO 26000 国际标准通篇都强调和突出了人权的普遍性和优先性。其中，6.3.2 条款指出“人权具有普遍性，在于人权适用于每一个人，无论其地位如何”，这是从权利的主体角度谈人权的普遍性；提出“企业有责任尊重人权，不论国家是否能够或有意愿履行国家保护义务”、“在国家不履行保护义务的地方，企业可以采取额外的措施以保证其在全部运作中尊重人权”，都强调了企业对人权保护的积极行动。我国政府一贯认为，国家主权是现代国际法的基石，各国主权独立、平等是国际法的基本原则，也是实现人权的前提和保障。从这个意义上理解，我国有关人权与主权关系的主张同 ISO 26000 国际标准所持的人权优先理念是有差异的。

人权主体扩大化。ISO 26000 国际标准认为非国家组织的基本职责是尊重人权，这意味着推行和保护人权的主体由国家（政府）逐渐扩大到企业、组织和非政府组织。ISO 26000 指出“在任何尽责审查的过程中，企业应当考虑其运作或开展活动的国家背景；考虑其自身活动对人权产生的潜在和实际影响；考虑与本企业活动有密切联系的其他实体或个人的行动践踏人权的可能性。”[1] 这意味着企业在运作和开展活动时要承担保护人权的责任。

提出“同谋”等理念，扩大了企业的责任边界。ISO 26000 国际标准提出“企业如果对其他人从事违反或不尊重国际行为规范的错误行为提供协助，以及在经过尽责审查，知道或理应知道该行为将会对社会、经济或环境造成实质性消极影响，则被视为同谋。企业如果对此类错误行为保持沉默或从中受益，也将被视为同谋。”并提出三种“同谋”关系，如果企业“容忍安保力量镇压反对其决策和行动的和平示威活动，或者在守护其设施时使用专制措施，或者组织从供货商滥用工作中的基本权利的活动中获取经济上的利益”，或者“未能向有关当局指出持续侵犯人权的问题。例如，未指出就业法规中针对特殊群体的制度性歧视问题”[2] 都被视为同谋。这无疑扩大了企业在人权责任上的边界。

---

[1] Guidance on social responsibility, ISO/FDIS 26000:2010(E),p25。

[2] Guidance on social responsibility, ISO/FDIS 26000:2010(E),p27。

➢ ISO 26000 中对国际准则、规范的适用范围定义过宽

关于人权的议题明显与我国企业长期依据的一些习惯做法与法律法规，存在较大差异，甚至冲突。如第 6. 3. 10 项规定，企业不应由于种族、肤色、性别、年龄、阶级、政治信仰等影响劳动者就业的机会。又如，鼓励企业集体行动，介入国内司法领域、以灵活形式规避过严登记管理、积极参与政治事务，与我国现行法律法规体系存在差异。

➢ 对废除企业生产中存在的强迫劳动问题提出要求

ISO 26000 及其附录标准关于禁止强迫劳动的内容均以两个国际公约为依据，即 1930 年《强迫劳动公约》(29 号公约) 和 1957 年《废除强迫劳动公约》(105 号公约)。免于强迫劳动是第 2 项权利。ISO 26000 关于禁止强迫劳动的规定是根据 29 号公约和 105 号公约有关条款所作的归纳，基本体现了两个公约的精神：一是对所有公民（劳动者）都不得实行任何形式的强迫劳动或强制劳动；二是对未经法院或国际劳工组织认定的劳动者四项基本权利中判决为有罪并在监狱中服刑的人员，不得使用强迫劳动。也就是说，法律规定的监狱劳动不违反禁止强迫劳动原则。

我国法律对禁止强迫劳动有明确规定。《劳动法》、《刑法》、《劳动合同法》中所称的禁止强迫劳动是指：用人单位以暴力、威胁或者非法限制人身自由的手段强迫职工劳动；用人单位强迫或者变相强迫劳动者加班；管理人员违章指挥、强令冒险作业；侮辱、体罚、殴打、非法搜查或者拘禁劳动者的行为。这些界定与 ISO 26000 在原则上基本相当，但更为全面详细。在 ISO 26000 和劳工公约中，对强迫劳动的表现形式都没有这样的具体描述。

➢ 对企业促进公平就业提出了更加细化的标准

ISO 26000 国际标准及附录标准关于公平就业、反对就业及其职业歧视的内容源于相关国际人权文书以及国际劳工组织公约，尤其是国际劳工组织第 100 号公约（《1951 年同酬公约》）和第 111 号公约（《1958 年（就业和职业）歧视公约》），是其反歧视条款的直接来源。我国政府历来十分重视对劳动者平等权利以及妇女、残疾人、未成年人等特殊群体劳动权益的保护，在各个层次的法律法规当中都有关于公平就业、反对歧视、促进劳动者平等权利以及保护相关弱势群体的内容。例如，2007 年通过的《中华人民共和国就业促进法》，将公平就业作为独立的第三章纳入该法律条文中。

ISO 26000 国际标准对“歧视”一词给出了定义，并列举但没有穷尽产生歧视的原因。我国的法律法规列举了部分产生歧视的原因，但尚未对何为“歧视”

作出具体定义。如《就业促进法》第一章第三条规定“劳动者就业，不因民族、种族、性别、宗教信仰等不同而受歧视”，但没有阐述什么是歧视。

ISO 26000 国际标准对企业在对待歧视问题上提出了具体期望，如企业应审查在其影响范围内是否存在直接或者间接歧视，在弱势群体中提高对其权利的认识、解决歧视问题、采纳积极建议并界定了部分弱势群体。这些期望多属于企业内部治理方面的建议。我国法律法规以及相关政策性文件只对歧视问题作原则性规定，不可能对企业的治理提出具体、详细的建议或期望，也没有相关的文件规定企业应该在公平就业、反对歧视方面做出何种努力。ISO 26000 国际标准对企业在“工作中的基本原则和权利”之一的“机会平等和歧视”领域应该采取的措施提出了期望，包括企业应检查其就业政策中不包含歧视性内容、其人力资源管理政策应建立在工作需求的基础上以及应采取积极行动提升弱势群体等。我国的法律法规中有反对歧视的原则性规定，但没有也不可能在法律层面上规定企业应该采取的具体行动。

3.3 中国企业在人权主题上面临的机遇

3.3.1 尽责审查方面的机遇

➢ **引入尽责审查，有利于有效识别、管理和降低风险**

通过尽责审查，可使企业确定、防止和处理由于自身活动或已有关系的各方的活动所导致的对人权的实际或潜在影响；通过尽责审查，也可使企业意识到在发现利益相关方侵犯人权或从事违法行为时，自己要负责施加影响，降低风险。

华为公司：制定《采购业务行为准则》，严格审查采购业务人员行为规范[1]

华为公司《采购业务行为准则》准则中的第五条个人品德操守中就有如“不应有可能被认为性骚扰的言行或举止”、“不应诽谤、诋毁他人”等关于人权的行为规范；第六条员工与主管责任准则中，提出“对于自己或他人违反行为准则的事件或疑虑，有责任及时反馈”，体现对采购员工“言论自由”权利的尊重。“反馈问题应实事求是，以署名方式提出，不应匿名或联名，不得诽谤和诋毁他人。”反映对采购员工“尊严权”的保护；第七条违纪处罚准则中，强调“对违反行为准则的事件或问题，将根据华为公司有关违纪处分的文件给予处罚，并记入员工个人诚信档案。管理层应对本下属的违纪行为承担管理连带

[1] 华为《采购业务行为准则》，http：//wenku. baidu. com。

责任。”员工与主管在违纪处罚上公平对待，体现对人权中“平等权利”的保护。华为公司严格审查采购业务人员行为规范有利于提高客户的满意度和降低供应链的总成本。

3.3.2 人权风险状况方面的机遇

➢ **妥善处理突发事件，有利于规避风险**

在突发事件或自然灾害发生时，企业利用自身的优势，履行最基本的尊重人权责任，并致力于全面促进和捍卫人权，有利于为企业赢得良好声誉。

以国航玉树地震救援为例。在2010年4月14日青海玉树发生7.1级强烈地震后，国航迅速部署空中运输紧急救灾物资的各环节，充分发挥航空运输“绿色通道，生命方舟”特有优势，为空运玉树地震灾区救援物资提供保障。[1] 此次救援行动，充分显示了国航尊重人权、无私奉献的精神，博得了社会广泛好评。

3.3.3 避免同谋方面的机遇

➢ **避免同谋，可以规避供应链带来的风险**

企业通过将法律基准和社会标准融入其尽责审查程序，可以很好地了解、预防和处理因同谋带来的风险。尤其可以避免供应链上存在的同谋风险。

华为公司：发表关于“冲突矿物”的声明

作为联合国全球契约和GeSI（全球电子可持续发展推进协会）的成员，华为公司一直坚持把全球社会责任作为其目标，实施道德采购，促进产业链可持续发展。当国际上出现“冲突矿产”问题时，华为公司高度重视，并采取行动，在其官网上发表了“关于冲突矿物的声明”[2]。华为公司在声明中表示，华为公司不采购也不支持使用“冲突矿物”，要求所有供应商不得采购“冲突矿物”，并要求供应商将这一要求延伸到下级供应商。华为公司还表示，支持通过行业合作来处理供应链社会责任问题，持续参与GeSI的活动，与客户和供应商一起寻求可持续的解决方案来处理“冲突矿物”问题。近年来，华为公司把企业社会责任作为供应商准入的门槛标准，国内外美誉度也不断提高，业绩不断增长，现已发展成为中国民营企业的领军企业。

---

[1] 《2003～2010中国航空集团公司社会责任报告》。

[2] 华为官网，http：//www.huawei.com/cn。

3.3.4 处理投诉方面的机遇

➢ **有效处理投诉，有利于企业增加透明度，赢得信任**

有效的申诉机制，有利于为人权遭到侵犯的人员建立补救机制，可为诉诸法律和有效补救提供额外机会。企业如果建立了有效的申诉机制，将会获得利益相关方的良好信任，使得企业运营更为顺畅，对于公司的品牌维护也起到了很好的作用。

联想（中国）：建立有效投诉机制❶

联想不断完善员工权益保障体系，当员工权益受到侵害和骚扰时，员工可向主管、人力资源部或投诉专员进行申诉。联想对进行申诉与举报的员工有严格的保密与保护措施，严禁任何形式的打击报复。员工可以投诉任何问题，所有谈话均无记录，投诉专员通过谈话帮助员工找到解决问题的办法。2010 年，联想成为中国首家入选优信咨询（Universum Communications）“全球最佳雇主”的企业，同时也被评为全球最佳雇主 50 强，连续八年蝉联大学生最佳雇主奖，被评为“全球工程师最愿意工作的 50 家最佳雇主”之一。

3.3.5 歧视和弱势群体方面的机遇

➢ **关爱弱势群体，可营造和谐的内外部发展环境**

企业在运营所在地积极采取行动，关爱弱势群体，让他们能充分和有效地参与社会且能为社会所包容，可为企业营造和谐的内外部发展环境，从而为企业赢得良好的美誉度、为开拓市场提供便利。

中国铝业公司：六冶把农民工当兄弟　与分包方共发展❷

中铝公司所属中国有色金属工业第六冶金建设有限公司（简称六冶）是一家从事国内外工程施工总承包的综合性建筑安装企业，约有从业人员 2.4 万名。其中，农民工、劳务派遣工以及季节性、临时性用工约 2.1 万人。

❶ 《联想（中国）企业社会责任报告 2010～2011》。

❷ 《中国铝业公司社会责任优秀案例集》。

六冶把建立长效机制作为保障农民工权益的关键和根本保证，时刻把农民工当作兄弟对待，从各方面维护农民工的职业尊严，同时把农民工组织者——分包方当作一种资源来培育和发展。

一是把农民工纳入施工班组管理。将农民工分成专业施工班组，由公司派人员实行大班组管理；对所有农民工统一安排住宿，统一组织培训取证；为农民工办理银行工资专用卡，直接代发工资，根据分包方提供的工资表定期将工资存入其银行专用账户，避免了工程层层转包和“包工头”跑路而出现损害农民工权益的现象。

二是按时足额发放农民工工资。公司把保障农民工工资发放作为各单位的绩效考核指标，优先安排农民工工资支付。尤其在重要节假日期间，即使业主工程款不到位，公司及时调剂资金，确保农民工工资不拖欠。公司要求分包方预缴农民工工资保证金，防止极少数“包工头”恶意拖欠农民工工资。

三是落实农民工与在册职工同等的职业健康安全保护待遇。公司将农民工和分包方无死亡事故、无重大职业危害事故发生作为绩效考核的重要指标，严格落实班前安全教育措施，在施工班组全面开展安全生产互保、联保活动，统一为农民工发放劳保服、安全防护用品，购买工伤保险，为从事危险作业人员办理人身意外伤害险，对从事登高、有职业危害因素影响的农民工定期体检。

四是保持与农民工群体的经常性交流沟通。公司每年邀请60家左右的分包方和部分农民工代表召开座谈会，评选“十佳”分包方，给予表彰奖励。

五是建立准入和退出考核机制，促进分包方勇担社会责任。公司建立合格分包方名录，对分包方实行A、B、C三级分类动态管理，对A级分包方给予多方面支持，对C级分包方及时予以警示。公司严肃分包方退出制度，对业绩、证照不能满足要求，或出现严重质量安全问题，或漠视农民工利益、恶意欠薪的分包方及时予以清退。

2011年，公司没有出现一起因农民工工资拖欠而出现的群体性不稳定事件，没有发生一起农民工死亡事故和重大职业危害事件。公司通过与多家有实力分包方合作，成功实施单项合同额超过5亿元项目3个。近五年来，六冶班组科技创新活动创出1项建设工程鲁班奖和近几十项省、市级奖项。六冶以扎实行动关爱农民工，减少了特殊技能农民工人才流失，保护了公司专有施工技术，市场竞争力得到提高。

中国铝业公司：尊重和保护原住民权利[1]

秘鲁铜矿项目是中国铝业公司的海外开发项目。秘鲁铜矿所在的莫洛科查镇是传统矿区，居民主要是周边矿山的工人及家属。当地海拔较高，生活条件恶劣。为改善当地居民的居住条件并配合铜矿的建设，中国铝业公司承诺投资不低于5000万美元建设新城镇。为此还制作了影视专题片和新居样板房，向居民形象地展示新城镇风貌，生动地描述居民生活将发生的根本性变化，并在镇内建立了新居样板房。2010年4月27日，新城镇建设奠基仪式隆重举行。搬迁方案获得绝大多数当地居民的赞同和认可。

伟创力：关爱农民工，实现包容性增长

伟创力作为世界领先的电子合约制造服务商，长期专注于员工自身的全面、自由和可持续发展，持续创新和稳步推进有益于员工能力提升和权益保障的责任理念和特色实践，帮助中国的农民工更好地融入城市。

在中国，为数众多的农民工尽管为经济的持续快速发展作出了巨大贡献，但城乡二元制等诸多因素的影响却使他们未能充分享受到经济社会发展带来的成果。对正处于转型机遇期的中国经济来说，着力构建起有利于提高农民工幸福指数、有利于提升农民工综合素质的机制体制，鼓励、动员更多的企业和社会机构参与到对农民工关爱的行动中来，通过多方协作和多方发力营造出有利于农民工自身积极性和创造性集中迸发的平台和局面，不仅关系到地区的繁荣稳定和长治久安，而且也直接关系到中国经济的转型升级和2020年小康社会宏伟目标的实现。

伟创力CSER计划致力于提供一整套计划和举措，以期对内、外部社区产生积极影响，从而超越伟创力的责任。对内部员工“建立有尊重和尊严的社区”；对运营所在地，建立更强大的社区，与本地和国际机构合作，通过与志愿者合作建立伙伴关系，推动社区的积极发展，提高员工的归属感。

3.3.6 公民权利和政治权利方面的机遇

认识到人权条款中对公民权利和政治权利的要求，企业可以提前运筹，切实做好应对工作。企业可考虑制定保护人权的相应措施，进一步促进和加强民主管

[1] 《中国铝业公司社会责任报告2010》。

理，从而真正体现以人为本。

3.3.7 经济、社会和文化权利方面的机遇

企业对机构运营所在地居民的经济、社会和文化权利的保护有利于促进社区的融合，便于沟通，赢得理解和信任。企业若根据当地的背景情况，采取积极的措施，在促进和发展居民的经济、社会和文化权利，以及其他任何权利（如保护当地的水土资源）等方面作出贡献，可为企业赢得良好的美誉度，获得居民的信任和支持等，从而更有利于企业快速融入当地和实现畅通业务的开展。

中国铝业公司：保护当地水资源❶

特罗莫克铜矿项目所在地亚乌利地区原有矿业公司修建隧道，专门用于排放生产废水。该隧道排放的污水直接对附近河流造成污染，超过90万居民的日常生活及农牧业生产常年受到污水影响。为此，中国铝业公司在特罗莫克铜矿尚未开工建设之前，就决定先投资5100万美元建设污水处理厂。中国铝业公司认真研究了当地生态环境、社会经济环境，确定污水处理厂的位置和方案，并采用世界一流的标准，使用世界一流的技术，进行设计、建设。2010年4月，该污水处理厂投入使用，使该地区70多年来无序开采造成的水污染得到彻底治理。

3.3.8 工作中的基本原则和权利带来的机遇

维护员工权益是促进企业发展的重要基础。尊重工作中的基本原则和权利，有利于促进构建和谐的劳资关系，增强员工安全感。

北京航空食品有限公司：推动派遣制员工转制❷

在北京航空食品有限公司原有用工体制中，有大量的派遣制员工。尽管员工在北京航空食品有限公司工作，但劳动合同却与第三方机构签订，收入和相关福利也由第三方机构支付，这使员工工作热情受到一定影响，员工流失情况较为严重。为减少派遣制员工的顾虑，2010年北京航空食品有限公司将大部分派遣制员工的劳动关系由第三方机构转到其所属的餐饮管理有限公司，加强员工权益保障，构建和谐稳定的劳动关系。

---

❶ 《中国铝业公司社会责任报告2010》。

❷ 《中国航空集团公司2003～2010年社会责任报告》。

3.3.9 小结

人权问题是 ISO 26000 提出的重要主题，给中国企业造成压力的同时，也带来了新的发展机遇。中国企业要尽快熟悉和掌握这些新标准、新方法，积极学习 ISO 26000 在人权主题实践方面的良好实践，抓住未来发展机遇。

➢ **树立正确的人权理念，提高人权风险防范意识**

ISO 26000 所倡导的人权理念与我国的以人为本在根本上是一致的。企业要转变传统思维，树立正确的人权理念。对人权的尊重是企业承担社会责任的重要指标。企业还应理解自身的社会责任，提高人权风险防范意识。尤其是在出现突发事件、灾难的情况下，企业应高度重视和尊重每一个生命，要充分尊重人权。企业应认识到同谋带来的危害，并予以监督和加强改进。同时，重视处理申诉给企业带来的影响。企业不能歧视弱势群体，在看待弱势群体问题上，应持积极和建设性的态度。此外，企业还应承认公民的经济、社会和文化权利等，并积极为我国的人权事业作出贡献。在明确人权理念之后，可减少或降低企业人权方面的风险。

➢ **引入尽责审查，改正缺点和改进不足**

企业注重运用尽责审查，是全面展示自我的机会，可以证明自己是一个历史记录良好、管理能力强、前景光明的好企业。同时，也是企业通过调查过程发现不足和问题、不断改进和完善自己的机会。

➢ **开展促进和保护人权的行动，避免运营风险**

企业在运营中注重对人权的保护，开展促进和保护人权的行动，包括员工、所在范围内的社区居民以及供应链上的人权保护，具体行动包括避免歧视和保护弱势群体、建立有效的投诉机制维护人权、尊重和促进公民权利和政治权利、保护利益相关方的经济、社会和文化权利以及保护员工在工作中的各项基本权利等。企业一方面应与自己有关的企业共同承担责任，促进对人权的尊重；另一方面，还应与违反人权的企业断绝经济上的往来，尽可能地避免运营中的风险，如被指责为侵犯人权行为的同谋关系等。

3.4 中国企业应对人权主题的对策措施

基于以上挑战和机遇的分析，对于中国企业积极应对 ISO 26000 人权主题，提供以下几个方面的建议和措施。

3.4.1 重视和加强对人权责任的正确认识

对人权的尊重是企业承担社会责任的重要指标。企业应积极学习和研究 ISO 26000 所提出的人权主题含义，了解所倡导的期望与行动，并分析和明确自身的社会责任，提高人权风险防范意识。尤其是在出现突发事件、灾难的情况下，企业应高度重视和尊重每一个生命，要充分尊重人权。企业应认识到同谋带来的危害，并予以监督和加强改进，以及还应重视处理申诉给企业带来的影响。企业不能歧视弱势群体，在看待弱势群体问题上，应持积极和建设性的态度。此外，企业还应树立保护公民权利和政治权利的意识，尊重公民的经济、社会和文化权利等，加强对工作中的原则和权利的认识，积极为我国的人权事业作出贡献。

3.4.2 探索对人权责任实践的体系化管理

➢ **组织架构上要有保障**

从组织架构上讲，要有人员、部门的匹配。企业应成立专门的人权项目小组，明确分工，统一调度。小组长手下应该有若干搜集资料、整理资料、回答专业问题的组员，至少要包括企业的工会人员、财务人员和法律人员。

➢ **注重标准、工具的学习和应用**

企业应该学习社会责任的相关标准和工具，用来指导自己的工作和管理。具体来说，应做到如下几个方面：

（1）建立人权方面的信息数据库。企业可考虑建立一个专门为调查者提供企业在人权信息方面的数据库。资料库应包含两部分内容，一是本企业在尊重和保护人员方面采取了哪些措施，哪些达到了国家法律规定的标准，哪些还高于国家法律规定的标准，在企业制定相关政策的时候是如何考虑这些政策对人权的影响的；另一部分是关于企业在相关方面交易的过程中，如何对交易的相关方尊重人权的状况进行审查，又采取了哪些措施促进了相关方对人权的尊重。

（2）建立申诉机制。企业要建立有效的处理申诉的机制，及时妥善处理各项申诉事宜，并不断改进和完善。企业应保证所建立申诉机制的合法性、可获得性、可预测性、公平公正性、透明性以及可对话和可协商性。

（3）强化尽责审查。企业应设定相关的检测监管部门，可考虑开展人权影响的独立评估，以确认、防止和处理企业自身活动或其影响范围内的活动对人权产生的消极影响。加强监控，分析原因和结果，对未达标的方面，不断改进完善。同时，学习和借鉴同行业优秀的企业社会责任实践，为促进和捍卫人权作出努力。

3.4.3 开展在人权实践领域的社会责任行动

➢ **诚信守法**

企业提供的信息应尽量客观、全面、有针对性，并且要遵循诚信原则。企业应该尊重法律，不侵犯人权，不提供用于侵犯人权的产品或服务。

➢ **加强供应链管理**

企业应检查是否与侵犯人权的伙伴合作，如有，则应立即终止；不容忍所购商品或服务地区有雇佣歧视，并作出公开声明；了解所购商品或服务的生产社会环境条件是否环保。

➢ **反对歧视，保障公平就业**

在企业治理结构中纳入公平就业、反歧视原则及其具体措施，塑造一个公平的、没有歧视的就业和职业环境，这有利于企业的和谐发展，也符合我国社会实现公平就业、社会和谐的要求。

➢ **杜绝使用童工**

童工劳动是一种剥削形式，是对人权的侵犯。童工劳动损害儿童身体、社会、智力、心理和精神的发育。企业应杜绝使用童工，包括非法劳动场所使用童工、犯罪团伙拐骗贩卖儿童、强迫儿童从事色情、乞讨、卖艺等违法犯罪活动。

《国际劳工组织公约》为国内法律规定准许就业或工作的最低年龄提供了一个框架，它不得低于完成义务教育的年龄，而且在任何情况下不得低于 15 岁。在经济和教育设施欠发达的国家，最低年龄可为 14 岁。13 岁或 12 岁从事“轻微工作”的儿童可作为例外情况。危险性工作的最低年龄——因工作性质或完成工作的环境可能导致损害儿童健康、安全或道德的危险工作——对于所有国家都是 18 岁。[1]

➢ **避免强迫劳动**

强迫加班、强迫从事危害性工作属于强迫劳动行为，有可能构成违法甚至要承担刑事责任。部分企业工时过长，员工被迫加班且不能按照国家规定的标准得到加班费等，这些都是企业必须要避免的。

---

[1] Guidance on social responsibility，ISO/FDIS 26000:2010(E),p32。

➢ **保护农民工权益**

企业若涉及雇佣农民工，一定要做好农民工权益的保障工作，保证农民工的基本权益，将农民工与正式员工一视同仁。

➢ **促进和捍卫人权**

在困难和复杂的情况下企业应注意促进和捍卫人权，例如在自然灾害、突发事件中注重人权保护。同时，企业还要注意不卷入或造成其他侵犯人权行为。

➢ **加强安保培训**

企业应对安保人员进行专门的人权培训，提高安保人员的人权意识，包括如何遵守人权标准，以及快速受理和调查对安全程序或安全人员的投诉。

4 ISO 26000 对中国企业在劳工实践方面的影响及对策

4.1 社会责任核心主题之劳工实践综述

4.1.1 定义和范畴

ISO 26000 将企业的劳工实践分为就业和雇佣关系、工作条件和社会保护、社会对话、工作中的健康与安全、工作场所中人的发展与培训五个方面。内容包括工人的招聘和晋升、纪律和投诉程序、工人的转移和再安置、终止雇佣、培训和技能开发、健康、安全和工业卫生，以及影响工作条件的任何政策和实践，特别是劳动时间和报酬。还包括承认工人组织及其代表性，以及工人组织和雇主组织参加集体谈判、社会对话和三方协商，以解决与就业相关的社会问题。企业的劳工实践，不只限于企业与直接雇员的关系，也不只限于企业对其拥有或直接控制的工作场所承担的责任，还包括与企业自身开展、通过组织开展或代表企业开展的工作（含分包工作）有关的所有政策和做法。

ISO 26000 关于劳工实践主题包含三方面的内容。第一是劳工实践概览，分别阐述企业与劳工实践以及劳工实践和社会责任之间的关系；第二是原则和考虑，分别阐述企业应尊重和促进的劳工实践原则，以及企业应落实的劳工实践；第三是社会责任议题，分别阐述劳工实践主题下的五大责任议题，包括："就业和雇佣关系"、"工作条件和社会保护"、"社会对话"、"工作中的健康与安全"和"工作场所中人的发展与培训"。

4.1.2 原则和考虑

➢ 劳工实践的原则

该主题遵循的原则主要有：坚持劳动不是商品的根本原则；坚持保护工人的基本权利；坚持在劳工实践中落实尊重法治、尊重国际行为规范、尊重人权等社会责任原则；坚持落实包括《世界人权宣言》在内的国际劳工公约所规定的各项人权。例如，每个人都有通过自由选择工作来谋生的权利，以及享有公正、有利的工作条件的权利。

➢ **劳工实践的考虑**

劳工法律和实践在各国不尽相同。在政府缺少立法的情况下，企业应当遵守《世界人权宣言》中所包含的原则；在立法充分的情况下，企业应当遵守法律。另外，与其他组织一样，政府机构或国有组织在作为雇主的角色时，应当对其劳工实践承担同样的责任。

4.2 中国企业在劳工实践主题上面临的挑战

4.2.1 就业和雇佣关系方面的挑战

➢ **理念上，没有意识到应承担更多的员工权益责任**

我国企业劳动关系制度还不够完善，法律体系不够健全，用人单位和劳动者的法制意识不强，导致劳动争议、劳动关系复杂和不稳定。企业对合法用工的范围定义尚不明确；不重视或没有保护员工隐私的意识；缺乏对员工采取无歧视、平等用工的意识。与此同时，企业也没有意识到有保障的就业对于单个工人和社会的重要性，较少采取积极的劳动力计划以促进就业。有些企业甚至在运营发生重大变化时，也没有要提前告知员工的意识。

➢ **方法上，用工制度不完善**

部分企业在用工制度上还不够完善，对员工责任的议题缺少关注，没有将其作为管理的内容。例如，难以保证员工就业雇佣中的平等、尚无积极的劳动力计划、缺少确保员工对企业知情权的考虑等，员工的权益得不到保障。

行动上，对传统用工方式提出了社会责任的新要求：

(1) 规范用工方式。在我国企业中，不合法、不规范的用工现象还大量存在，这里主要从用合法就业资质的人、合法用人两个维度上来讲。用合法就业资质的人主要强调企业在招聘时，招聘有劳动能力的、合法的公民。例如，企业不雇佣罪犯或童工等；合法用人主要指企业不逃避相关的法律义务以及辞退员工的合法性等。有些从事劳务派遣业务的企业将其真实业务隐匿于其他名称之下，以非派遣形式从事派遣业务；有些企业强制员工转换身份，在不离岗的情形下，将原有职工转入劳务派遣公司再派回原单位；有的在整个部门或者对相同岗位的所有员工都开始使用劳务派遣工，规避《劳动合同法》对劳务派遣一般在临时性、辅助性或者替代性的工作岗位上实施的规定。

(2) 保护员工信息和隐私。目前，很多企业在对待员工信息保护的问题上，尚未采取相关行动，或由于保护力度不够，导致员工的基本信息、个人隐私泄露。

（3）公平雇佣。目前，我国部分企业内部还存在着裙带关系，在短期内，难以实现平等雇佣。

（4）采取劳动力计划促进就业。到目前为止，我国的企业很少采取积极的劳动力计划。部分企业利用不固定工作或者过度利用临时工作，很难实现有保障的就业，就更不用说采取积极的劳动力计划。

（5）提前告知。当企业运营发生重大变化时，工厂关停时影响到员工就业，相当一部分企业还不能做到合理公告、及时发布信息，也很少有在工人代表的情况下与员工共同考虑如何最大程度地减少消极影响，只有少数企业能够做到提前告知。

4.2.2 工作条件和社会保护方面的挑战

- **理念上，无最大限度地让员工实现工作与生活平衡的意识**

现阶段，大部分企业还只停留在保障员工的基本权利上，较少有企业为所有员工提供与当地类似雇主相一致、能够最大限度地实现工作与生活相平衡的工作条件。

在工时方面，大部分企业严格遵守传统的上下班制度，没有认识到工人有集体协议标准工时或协议工时的权利，以及企业应对特殊岗位的工时要采取灵活计算方式。

- **措施上，缺少让员工实现工作与生活平衡的制度和措施**

大部分企业都没有协调处理工作和家庭责任关系的相关制度和具体措施，难以提供舒适的工作环境，不能兼顾员工身心健康及家庭生活的平衡。

- **方法上，暂无正确计算特殊工时的“计时”的方法**

到目前为止，大部分企业在工时考勤上，还没有正确计算特殊工时的“计时”的方法。

- **执行上，实现员工工作与生活的平衡有难度**

ISO 26000 在多处强调，企业应当提供良好的工作条件，应使劳动者能够协调和处理工作与家庭责任的关系。尊重工人的家庭责任，并在可能时提供托幼和其他便利，以便工人实现适当的工作与生活的平衡。这一理念，发达国家已经倡导了几十年，形成了成熟的政策和经验，但我国目前尚没有针对性的政策和法律规定。全面实行 ISO 26000 社会责任国际标准关于此类问题的条款，对于多数中国企业而言存在较大困难。

➢ **行动上，工时不合理现象短期内得不到改善**

我国的工时制度还不够完善，企业因生产特点不能实行标准工时制的，其中有大部分尚未做到针对不同的劳动用工方式，采取灵活的工时计算方式。很少有企业经劳动行政部门批准，采用以周、月、季、年为周期综合计算职工工作时间的综合计算工时工作制。当前，一些企业仍在滥用特殊工时制度。例如有些企业为了规避支付加班费，实行不定时工作制，要求员工超长时间工作，获取“额外利益”。

4.2.3 社会对话方面的挑战

➢ **理念上，缺少对社会对话重要性的认识**

ISO 26000指出，社会对话包括政府、雇主和工人代表两者或三者之间就经济社会方面共同关注的事宜所进行的各种谈判、协商和信息沟通。而我国的部分企业尚不明确社会对话的内涵，缺少工人的参与，也没有意识到三方协商的重要性。

➢ **方法上，缺乏相应的沟通机制**

目前，大多数企业缺乏与社会对话的保障措施，没有专门的包括政府、雇主和工人代表在内的三方沟通机制和具体沟通渠道，沟通效率低。

以×钢投资秘鲁铁矿失败为例。1992年×钢用1.18亿美元买下了拍卖底价为4000万美元的秘鲁铁矿。由于没有良好的与员工对话的机制，没有妥善解决当地劳工问题，秘鲁工人频繁罢工。12年后，×钢决定卖出秘鲁铁矿，中国钢铁公司海外收购第一案例以失败而告终。

×钢在秘鲁给当地工人开的工资是当地人的3倍，可是秘鲁工人仍然还是没完没了地闹罢工。“走出去”的思路非常正确，关键是怎么走。跨国公司有效的经营管理是决定“走出去”成败的关键。中企海外收购频陷“劳工门”，×钢与秘鲁的“血色黄昏”——惨痛的教训告诉我们，企业应该要有与社会对话的沟通机制，注意当地的劳资问题、当地的政治文化环境，它们是中国企业海外收购必须重视的因素。如何推进当地人管理当地企业，如何实现本土化经营；如何融入海外的政治文化环境、劳工管理制度，已成为决定海外收购以及国际化经营能否成功的关键要素之一。

➢ **行动上，执行力度不够**

部分企业即使有相应的沟通机制和渠道，但是在具体执行的时候，规章制度形同虚设，没有真正严格做到按照规章行事。在开展与社会对话的时候，往往表现为行动不足、不力或低效的特点。很少有企业加入相关的雇主组织，为社会对话创造机会，并通过这种渠道来进一步表现他们的社会责任，共同提高和加强与社会对话的执行力度。

4.2.4 工作中的健康与安全方面的挑战

➢ 理念上，对员工的职业健康保护意识不够强，缺少对工人相关权利的承认和尊重

企业对员工的职业健康安全保护意识还不够强，缺少对工人参与的健康、安全和环境体系及其对工人相关权利的承认和尊重，缺少对健康安全管理原理的全面准确理解。尤其缺乏心理健康保护意识、工人全面参与的体系建设意识以及为非正式员工提供平等的健康和安全保护意识。另外，也没有意识到在对待非全日制工人、临时工以及分包工人等不同用工性质的员工应提供平等的健康和安全保护等。

➢ 方法上，缺少对职业健康安全体系的应用

大多数企业在员工职业健康安全问题上，缺乏对一些成熟体系的应用，如职业健康安全管理体系——OHSAS18000 国际性安全及卫生管理系统验证标准。在中国，目前只有为数不多的企业已经获得了 OHSAS18000 的认证，还有很多企业都没有获得该认证，未应用该职业健康安全体系。

➢ 在行动上，员工心理健康、不能为非正式员工提供平等的健康和安全保护问题突出

（1）较少关注员工心理健康。大部分企业都重视员工的职业健康安全，在健康安全、职业病防治等方面做得较多，但是较少关注员工的心理健康。ISO 26000指出企业要“努力消除工作场所中可能促成或导致紧张和疾病的社会心理危害”。我国企业的高危工作岗位，如在电网、地铁、矿井等作业地方的员工，心理压力较大，承受能力不强。注重员工心理关爱是企业面临的一大挑战。

以富士康员工压力过大、频繁跳楼为例。富士康发生接二连三的员工跳楼悲惨事件，反映出这一事实：不管是由于婚恋出现挫折，还是由于家庭发生变故，跳楼员工普遍没有娱乐、没有朋友、没有交流，员工的精神危机是导致悲剧的主要原因。由于企业没有采取相应的措施，如对员工进行科学的心理疏导，开展普遍的压力测试和心理辅导，实行人性化管理，并给予人文关怀，从而导致跳楼事件屡次出现。

（2）区别对待非全日制工人、临时工以及分包工人，提供不平等的健康和安全保护。我国尚有部分企业在对待非全日制工人、临时工以及分包工人等不同用工性质的员工的健康安全保护问题上，采取不同的标准区别对待，不能对所有员工提供平等的健康和安全保护。

4.2.5 工作场所中人的发展与培训方面的挑战

➢ **理念上，缺少帮助裁员员工培训和实现员工终身培训的意识**

一方面，大部分企业缺乏帮助裁员员工培训的意识；另一方面，我国《劳动法》只规定“鼓励和支持有条件的企业、事业组织、社会团体和个人进行各种形式的职业培训。”很少有企业意识到要为员工提供终身培训。有的企业甚至没有对裁员员工进行培训的意识。

➢ **方法上，缺少对裁员和员工终身培训的系统管理**

部分企业的裁员制度和流程尚不完善，没有充分考虑到员工职业生涯的发展，极少企业有对员工进行终身培训的制度。虽然，全球报告倡议组织的《可持续发展报告指南》在劳工实践部分就有对“支持员工提高继续受聘能力，以及帮助员工处理好退职事宜的技能管理和终生学习计划。”[1] 的信息披露要求。但是，目前大多数企业内部对这个绩效指标做得还不够，没有裁员和员工终身培训的系统管理。

➢ **行动上，如何帮助裁员员工培训以及实现员工终身培训的压力**

（1）帮助裁员员工的努力不够。ISO 26000 希望企业在必要时确保被裁员的工人得到帮助，在获得新的就业、培训和咨询方面协助他们。由于我国企业数量庞大，而且整个经济社会处于发展转型阶段，企业收购、倒闭等现象时有发生，因此难免会产生劳资纠纷，这部分员工得不到培训和妥善的处理。而我国大多数企业对涉及可能裁员的员工，在就业培训方面做得还不够，极少有企业对裁员员工进行培训。

（2）为员工提供终身培训的困难。ISO 26000 明确指出，企业应该“在平等和非歧视的基础上，在员工工作经历的各个阶段，向其提供技能开发、培训和学徒及获得职业晋升的机会”。但对我国一般的企业来说，还不能为员工提供终身培训，这是大多数企业面临的挑战。

---

[1] 全球报告倡议组织《可持续发展报告指南》（G3.1），第39页。

4.2.6 小结

中国企业在劳工实践方面的挑战主要涉及提升企业运营所在国国民的就业、职业发展、晋升和晋级的国际运营。将 ISO 26000 中劳工实践的内容与我国法律（如《劳动法》、《未成年人保护法》、《禁止使用童工规定》、《未成年工特殊保护规定》、《劳动合同法》、《劳动争议仲裁法》、《工会法》、《计提合同规定》、《最低工资规定》、《女职工劳动保护规定》、《劳动保障监察条例》、《职业教育法》、《企业职工培训规定》）和现有国际规范（如联合国和国际劳工组织的宣言和公约）中的员工责任相比较，ISO 26000 对企业提出了更多、更高的要求与期望。

➢ **以经济发达国家的标准对劳动合同和劳动关系提出要求**

ISO 26000 国际标准及其附录标准所采用的劳动基准基本是按照发达国家的一系列标准制定的，其覆盖范围和实施标准普遍高于发展中国家。目前，我国虽已初步形成了以《劳动法》、《劳动合同法》、《劳动争议仲裁法》、《工会法》、《集体合同规定》、《最低工资规定》、《女职工劳动保护规定》、《劳动保障监察条例》等为主体的有关劳动关系调整的法律法规体系，建立了劳动合同和集体合同制度、三方协商机制、劳动标准体系、劳动争议处理机制和劳动保障监察制度，基本形成了与社会主义市场经济体系相适应的新型劳动关系制度。但这一新型劳动关系制度的基本框架和劳动关系的调整机制、措施和效率还不够完善。尤其是法律体系还不够健全，对现有的劳动法律执行还不够有力，调整机制还不健全，劳动监察力量还比较薄弱，各级三方协商机制还没有真正发挥作用，缺乏平衡劳资权益的有效手段。

➢ **要求企业在支付工资时遵守更加严格的国际劳工标准**

ISO 26000 国际标准有关劳动报酬的规定来源于国际劳工组织的公约和建议书。总的来看这些规定与我国《宪法》、《劳动法》、《劳动合同法》、《工资支付暂行规定》等法律法规的原则要求和规定基本一致。但是，ISO 26000 在多处规定“企业应当保证工作条件……与相关国际劳工标准保持一致”、“企业至少应当遵守国际劳工标准中所确定的最低标准规定，特别是在国内还未通过相关立法的情况下”等方面内容。由于我国并未批准所有关于劳动报酬的劳工公约，对企业而言，要求所有企业保证在提供工资时与相关国际劳工标准保持一致存在很大的社会和经济风险。

➢ **对所有企业提出统一的工时标准**

ISO 26000 国际标准对工时问题的规定比较多，主要涉及工作时间、加班时间、夜班、休假等内容，其来源主要是国际劳工组织的公约和建议书。我国在工时方面也有相应的规定，但是在个别方面，如企业提供的工时条件能够使工人协调处理工作与家庭责任的关系，我国并没有相应的法律规定。

➢ **对职业安全与卫生提出更高标准**

ISO 26000 国际标准对企业职业安全卫生政策和措施的制定和实施做出了明确规定，其条款大多数来自国际公约第 155 号《职业安全和卫生及工作环境公约》以及第 161 号《职业卫生设施公约》。

与我国法律法规相比，ISO 26000 以更全面、更先进的观点对职业安全卫生领域做出了规定，其特点：一是灵活性。随着科学技术的进步，职业安全卫生问题及其处理方法是不断变化的，因而要求企业必须采取灵活的技术标准以适应发展变化；二是全面系统性。强调企业应重点对工作场所内发生或来自工作场所的危险以及对周围社区和整体环境造成的可能影响进行预测、识别、评估和监控，对职业安全卫生与工作环境状况进行审查，针对发现的主要问题制定解决这些问题的有效方法和确定行动的先后顺序，并对结果进行评估；三是可预测性。强调了企业要对作业场所的危害预先设想并对这些危害制定监控计划；四是三方性。规定了政府、雇主和工人组织“在职业安全卫生和工作环境方面各自的职能和责任。”

➢ **对保障劳动者培训与职业晋升提出更加广泛的要求**

我国《劳动法》、《职业教育法》、《企业职工培训规定》等法律规定对员工的培训和职业晋升问题进行了规定，国际标准与我国法律法规相近之处有：均规定企业应制定有关培训方面的政策和制度，提出应对劳动者进行职业培训，在员工进行转岗时需要进行职业技能鉴定和培训，且特别关注弱势群体的职业培训。

ISO 26000 规定的职业培训对象范围更宽泛，强调“在工人工作经历的所有阶段，向所有工人提供技能开发、培训和学徒培训，提供获得职业晋升的机会”，而我国《劳动法》只规定“鼓励和支持有条件的企业、事业组织、社会团体和个人进行各种形式的职业培训”；在职业培训主体方面，ISO 26000 规定职业培训以社区为主体，而我国负责职业培训的主体为各级政府和企事业单位、团体。

4.3 中国企业在劳工实践主题上面临的机遇

4.3.1 就业和雇佣关系方面的机遇

➢ **正确处理好劳资关系，有利于增强员工安全感**

处理好劳资关系，是企业人力资源的基础工作，是吸引人才的关键，是企业发展壮大的根本。企业在人力资源雇佣关系问题上，加强管理，采取积极的措施，避免劳资纠纷，并赢得好的口碑，将会为企业汇聚英才带来重大机遇。

➤ **用工属地化，有利于处理好与当地的关系、降低风险**

企业确保选用合适的合作伙伴，不从伙伴、供货商或分包商不公正的、剥削性的或侵权性的劳工实践中获益，而是要采取措施加强管理，例如，加强监督、管理与培训，防止商业贿赂等，可以为企业在国内外降低经营风险，从而更具竞争力。

中国铝业公司：雇佣当地员工

中国铝业公司（简称中铝公司）坚持属地化用工政策，依托公司在当地业务的快速发展，促进当地就业。在同等的条件下，优先聘用当地员工。在国际项目中，公司还通过培训提升当地居民的劳动就业能力。公司现有外籍员工1300多人。中铝公司秘鲁铜矿项目，98%的员工为秘鲁当地人员，除在管理层中有4名中方人员，其余200多人都为秘鲁当地员工。[1] 中铝公司的员工属地化，获得当地就业部门以及社区居民的广泛好评。

4.3.2 工作条件和社会保护方面的机遇

➤ **按照国际劳工公约要求，有利于提高市场竞争力**

企业在条件允许的情况下，应尽可能地按照国际劳工公约的要求去做，例如，尊重员工的信仰，更易获得员工的理解和支持，将有利于提高中国企业在国内外的竞争力。

中鼎国际工程有限责任公司：尊重员工信仰　建造清真寺方便员工祷告

2006年，中鼎国际工程有限责任公司（简称中鼎公司）在印度尼西亚开采朋古鲁煤矿。中国员工与当地员工的比例约为1∶4。当地的员工大多信仰伊斯兰教，每天规定时间的五次祷告必不可少，路途中耗费了大量的时间。中鼎公司遵照国际劳工公约，尊重当地员工的宗教信仰，在驻地附近建造了一座清真寺，方便员工就近祷告。中鼎公司对员工的尊重和理解，赢得了信任，增进了友谊，员工更加主动地配合项目组的工作，大大提高了工作效率。[2]

[1] 《中国铝业公司社会责任报告2010》。
[2] 《中国对外承包商会工程企业社会责任优秀实践案例集》。

➢ **实现员工工作与生活的平衡，有利于增强员工对企业的认同感**

ISO 26000 明确指出企业应当“为所有工人提供能够最大限度地实现工作与生活相平衡的工作条件，并且所提供的工作条件应当与当地类似雇主相一致”、“尊重工人的家庭责任，向他们提供合理的工时、产假，并在可能时提供托幼和其他便利，以便工人实现适当的工作—生活平衡”。员工工作不仅能充实自己的生活，还有金钱收入的回报以维持自己的生计，更能体现出一个人的社会价值。而企业在帮助员工实现了工作与生活的平衡时，将会极大地提高员工的忠诚度和企业认同感。

4.3.3 社会对话方面的机遇

社会对话有助于企业在工作场所中建立工作人员参与和民主原则，促进企业与员工之间的理解，从而改善劳资关系，减少成本高昂的产业争议。社会对话也是企业应对管理变革的有力手段。它可以增进沟通和交流，消除误会与负面信息，获得更多的理解与支持。尤其是在企业生产经营发生变化或作出重大决定调整前，企业应及时通过职工大会或其他形式向全体员工通报运营情况以及变化原因，尊重利益相关方的知情权。必要时请他们参与决策，从而可以获得更多的理解与支持，改善了劳资关系。

中国铝业公司：工厂关停，提前告知员工

中国铝业公司河南分公司把中铝公司淘汰落后电解生产系列的总体安排提前告知员工，2008 年 8 月至 10 月，采取逐步关停的方式全部淘汰了 85 千安预焙电解铝生产线。河南分公司坚持“退产能不退员工”的原则，安排员工转岗，对原电解厂员工进行了长达 4 个月的全员转岗培训。培训主要内容是氧化铝制取、电工、钳工、焊工和热能等。到 2010 年底，除 78 名员工通过退休、正常调动及辞职等途径离职外，其余 883 名员工全部转岗安置。2010 年原电解厂员工 858 人转岗到氧化铝厂、热电厂、水电厂等十多个单位的 30 多个工种岗位。其中，有 14 人在机构改革中通过竞聘进入管理岗位。此举，获得了全体员工的理解和支持，改善了劳资关系，进一步加强了公司员工的凝聚力。

4.3.4 工作中的健康与安全方面的机遇

➢ **实施健康管理，有利于劳动生产率的提高**

企业实施健康管理，可以减少企业医疗保健的相关支出。ISO 26000 指出：

"与工作有关的疾病、伤害和死亡给社会带来沉重的经济和社会负担"。[1] 企业可通过健康管理服务机构，根据实际情况，对企业医疗保健的相关支出做出系统综合考虑，统筹安排，降低企业总的医疗支出。在了解企业员工基本健康数据的基础上，经过系统化的分析，为企业选择更明智和省钱的健康管理方案。

企业实施健康管理，能更详细地掌握员工目前的健康状况与存在的健康隐患，可以让员工保持好的身体状态，减少缺勤。健康管理有助于提高员工身体素质，使员工工作精力充沛、生产效率更高；减少因生病缺勤等产生的工作不协调影响工作进度。同时，也体现了企业对员工健康的关心，提高员工的企业归属感和工作热情，进一步提高工作效率。

➢ **注重员工心理健康是适应员工发展的新要求**

随着人才和市场的竞争日益激烈，人们生活和工作的节奏加快，压力加大，企业员工容易出现心理紧张、挫折感、痛苦、自责、丧失信心等不良心理状态，注重员工的心理健康已成为21世纪员工发展管理的新要求。

华为公司：设首席员工健康与安全官[2]

事件：从2008年下半年开始，华为公司员工发现，邮箱里会不时收到副总裁纪平的邮件。她在邮件里提醒大家注意安全（哪怕是交通安全），要注意劳逸结合、注意身体健康。纪平之前是华为的CFO，她现在新增头衔是"首席员工健康与安全官"。就在几乎所有人都将"狼性"作为华为企业文化的第一大关键词时，华为也逐渐在企业文化中加入更多"温情"。华为公司在《2008华为社会责任报告》中指出，2008年首次设立首席员工健康与安全官，目的是进一步完善员工保障与职业健康计划。据华为内部人士介绍，在首席员工健康与安全官之下，华为公司还专门成立了健康指导中心，规范员工餐饮、饮水、办公等健康标准和疾病预防工作，并提供心理与生理健康咨询。

现状：根据华为公司的数据，2008年华为公司仅在为员工提供各种福利保障支出就达到14.4亿元。2008年华为公司还发布了健康报告，依据2008年度员工体检结果，总结了华为公司员工高发的病症，并详细介绍了这些疾病的诱因、危害，以及如何预防和治疗。据CBN记者了解，设立首席员工健康与安全官在大企业中尚属首例。这方面比较超前的公司是IBM，但其目前仅有资深健康

---

[1] Guidance on social responsibility，ISO/FDIS 26000：2010(E)，p38。

[2] EAP关注点：华为设首席员工健康与安全官，http：//www. xlsos. net。

保健顾问一职，并有专门的团队负责员工健康问题，但在级别和权限上，华为公司显然略胜一筹。

心理咨询专家评价：首席员工健康与安全官，一个职位的设置，已反映出华为公司在企业文化和管理上的突破，关注员工心理健康的概念进入了管理层的意识层，并有了实际行动，比如设立了健康指导中心。不过，最关键的不在于职位和机构，关键的是员工有没有得到切实的收益，特别是在心理层面。华为公司员工的平均年龄低，年轻人在身体方面，累点都可以承受。相反，在心理方面，年轻人的心理承受力比年龄大的人要低。华为公司高薪的背后是高压力，员工快乐并高效地工作、工作与生活和谐共进似乎应该是企业实行相应举措的最终目标。

➢ **EAP可使企业受益❶**

EAP能帮助企业进行雇佣前测评；提高员工绩效；减少旷工和员工流失，提高员工忠诚度；降低工伤和事故；正确处理职场意外事故，降低企业损失；帮助企业平稳地度过人事变动的特殊时期（如并购、重组、裁员等）；提供跨文化适应服务，帮助不同文化背景的员工更好地沟通合作；提升企业人文关怀形象，增加员工归属感；节约成本。

中兴通讯公司：EAP计划解决高学历年轻员工心理问题❷

EAP（Employee Assistance Program）是中兴通讯公司为员工设置的一套系统的、长期的福利与支持项目。它通过对员工及其直系亲人提供专业心理指导、培训和咨询，帮助解决员工及其家庭成员的各种心理和行为问题，提高员工在企业中的工作绩效。目前，心理咨询已经被中兴通讯公司广大员工所接受，并成为为心灵减压、排除烦恼的一个重要途径。

2010年，中兴通讯公司EAP服务面询平均满意度85.8分，讲座满意度92.9分，处理危机干预共10例。

2010年，中兴通讯公司的员工流失率低于12%，远低于前程无忧“2009年中国19个行业的员工离职率平均为15.9%”的调查结果。其中，管理职位的流失率最低；其次为技术职位，基层员工的流失率最高。年龄上，“80后”、“90后”

❶ 中国大陆EAP现状概述，http：//www.niwota.com。

❷ 《2010金蜜蜂责任竞争力案例集》，第71页。

员工的离职率最高，但是比前程无忧“2009 年中国 19 个行业的 80 后员工离职率平均为 24.3%”要低得多。

2010 年，中兴通讯公司营业收入达人民币 702.64 亿元，国际市场实现营业收入 380.66 亿元，同比增长 27.45%，占整体营业收入的比重达 54.18%。

作为近年全球增长最快的通信解决方案提供商，中兴通讯公司深知人才是公司得以基业长青的关键保障；中兴通讯公司以成为全球各国市场的模范企业，以成为不同国籍、不同种族所信赖的模范雇主为公司的主要战略目标。未来，中兴通讯公司将继续以人为本，着力于实现企业与员工的双赢，让中兴通讯公司成为成就激情与梦想的地方。

4.3.5 工作场所中人的发展与培训方面的机遇

➢ **帮助被裁员工，有利于消除误解和矛盾**

ISO 26000 指出企业应当“在必要时确保被裁员的工人得到帮助，在获得新的就业、培训和咨询方面协助他们”。对于被裁员工，企业应尽快将他们的个人信息、求职意愿等情况通知有关的职业介绍部门，请他们协助安排下岗人员的工作。向员工提供一定的生活保障，如一定的失业救济金等。在适当的时期，为他们开展就业指导培训等。给被裁减人员以足够的关心和帮助，可减少因裁员引起的企业经营动荡，有利于获得被裁员工的理解和支持、减少纠纷和避免冲突。例如，联想在 2004 年的战略调整裁员中，安排了周详的补偿计划，并为离职员工提供心理辅导、再就业支持服务。

➢ **为员工提供终身培训，有利于吸引、留住人才和提高企业经营效益**

企业为员工提供终身培训，可吸引优秀人才的加盟。因为，培训不仅是企业发展的需要，更是人才自身发展的需要。为员工提供终身培训，是留住人才的重要手段。企业的每个发展阶段都有企业最需要的人才和相应的岗位，企业只有通过持续不断地培训，员工的工作技能和个人综合素质才能得到显著的提升，并且为企业的高速发展作出他们应有的贡献。最后，通过为员工提供终身培训，企业还可获得因人员素质的提高带来的显著效益。

4.3.6 小结

在对待劳工实践主题上，中国企业应最大化降低在员工方面可能存在的风险，超越基本法律法规的要求，积极主动承担更多的责任。关爱员工的成长与发展，将会增强企业自身的竞争优势和提升可持续竞争力，获得更多的发展机遇，形成可持续的员工管理模式。

➢ **平等无歧视，巩固劳资关系**

平等无歧视，主要表现在平等就业、薪资待遇公平以及职业发展机遇平等方面。在就业方面，企业若一方面做到合法用工，不歧视弱势群体，采取积极的劳动力计划，以促进就业；另一方面，又注重待遇公平，保障劳动者在收入分配中的初次公平，保障同工同酬，实现健康安全体系化，并对非正式和正式员工一视同仁，提供公平的职业晋升通道，将有利于促进企业构建和谐的劳资关系。

➢ **注重员工职业发展，提高企业凝聚力**

（1）开展终身培训，助力员工发展。在 ISO 26000 出台之前，很少有企业能为员工提供终身培训，这是适应员工发展的新要求。同时，也有利于提高企业的核心竞争力和凝聚力等。

（2）提供帮助，最小化裁员员工损失。ISO 26000 指出，企业在不得已裁员的情况下，应考虑帮助被裁员员工，采取相应措施，给予补偿和就业培训，让被裁员员工的损失减少到最小。这样，既可以获得被裁员员工的理解减少矛盾和纠纷，也能提高企业重大决策的执行效率。

（3）培养全球视野，适应国际竞争。ISO 26000 提倡企业要加强与社会的对话，按照国际规范和标准，而不仅仅是中国赞成签订的公约等。培养全球视野有利于增强企业适应国际竞争需要，不断提高国际竞争力以及企业的美誉度。

4.4 中国企业应对劳工实践主题的对策措施

基于以上挑战和机遇的分析，中国企业在避免可能存在风险的同时，还要把握好发展机遇。

4.4.1 提高劳工实践责任的认识

在理念上，企业要有积极履行劳工实践责任的意识，主要有如下几个方面：

（1）提高与社会对话的意识。企业应改变观念，充分认识到与社会对话的重要性，明确社会对话制度和集体谈判结构的重要性，努力将与利益相关方保持良好的沟通作为促进企业可持续发展的重要途径。

（2）加强对员工的心理关爱和实现工作与生活平衡的意识。企业应加强对员工的职业健康保护意识，尤其要关注员工的心理健康，承认和尊重工人的相关权利，要有工人全面参与的体系建设的意识以及为非正式员工提供平等的健康和安全保护的意识，并最大限度为员工创造工作与生活平衡的条件。企业高度重视员工工作中的健康与安全，是保障员工权益、以人为本的具体体现之一。另外，实现员工的工作与生活平衡，是吸引和留住人才、提高劳动生产率的重要因素。

(3) 树立帮助被裁员工和实现员工终身培训的意识。一方面，企业有义务对被裁员工提供帮助，包括经济补偿以及就业培训等。另一方面，对员工在各个阶段进行培训也是企业所需要认识到的。企业要不断提高职业教育与培训的认识，职业教育与培训不仅仅是成本投入，更是履行社会责任的表现，尤为重要的是职业教育与培训还是企业快速发展的动力和保障。

4.4.2 完善劳工实践的制度管理

➢ **完善劳动关系**

企业应坚持依法合规，严格执行劳动法和相关法律法规，尊重和保障工会的合法权益，探索建立更为公平合理的工资分配制度，努力完善劳动争议处理机制。

➢ **规范劳务派遣制**

企业不能滥用劳务派遣，须强化对劳务派遣的规范管理。企业应对派遣用工与正式员工一视同仁，同工同酬，缴纳与正式员工一样的保险费用等。

➢ **完善企业社会保障机制**

企业要提高社会保险意识，不断提高参保率，除要为员工提供基本的“五险一金”社会保险外，还可以根据企业实际为员工购买其他保险，例如商业险等。

➢ **遵守劳工报酬标准**

遵守劳工报酬标准主要要求企业要严格执行劳动法和劳动合同法中有关工资水平和工资支付要求的规定，坚持同工同酬，按时足额支付工资，不随意克扣工资，按照规定支付加班工资。

➢ **完善工时制度**

企业应做到针对不同的劳动用工方式，采取灵活的工时计算方式；维护工人合法权益，不要求工人超长时间工作，减少企业恶性竞争，提高企业遵守工时的整体水平。

➢ **实行职业卫生安全一体化管理**

企业可以借鉴国外在职业卫生安全管理方面的先进模式，对职业卫生和职业安全进行一体化管理，在生产经营单位内设置安全生产管理机构，充分发挥各方作用。

➢ **完善职业危害的补偿救济制度**

企业应扩大工伤保险覆盖面，以工伤保险作为职业伤害补偿的最重要方式，在现有的保险类型上，创立更加多样的保险形式。例如，行业保险、自保、企业救济等，切实保障劳动者权益。

4.4.3 开展在劳工实践领域的社会责任行动

➢ **建立对话平台**

企业应建立对话平台，为工人代表履行其权利提供便利，以开放的姿态，加强与社会对话。企业在适当的情况下还可以参加相关的雇主组织创造的社会对话机会，并通过这一渠道进一步展现自身的履责行动。

➢ **减少临时用工**

企业应认识到有保障的就业对于个人和全社会的重要性，尽量减少临时用工，并对因临时用工情况，给予适当补偿。

➢ **加强职业安全卫生培训**

企业应广泛开展员工的职业健康安全卫生培训，对劳动者在职业过程中的职业安全与卫生问题，从培训机构、培训经费、培训内容、培训时间、培训效果考核、培训监管等方面进行全面规范，以使培训真正能够发挥作用。

➢ **进行职业安全卫生管理体系认证**

企业应跨入职业安全卫生管理体系国际标准轨道。例如，进行职业安全卫生管理体系国际标准认证等。

➢ **加强透明度建设**

企业应保持信息公开透明，厂务信息公开。例如，企业在采取重大决策或运营发生变化时，应提前通知员工，采取相应措施，并最大程度地减少对员工产生的消极影响。

➢ **开展终身职业教育培训**

企业要有职业教育经费的投入，并落实好职业教育发展规划。今后，政府也将为企业提供激励机制，如对按照规定进行员工培训的企业或按照规定足额提取教育培训经费的企业，可以免收一定的税收。而对于那些没有按照规定进行员工培训或没有按照规定足额提取教育培训经费的企业，则收取企业应当承担的教育经费及一定比例的罚金，用于本地区的职业教育。

5 ISO 26000 对中国企业在环境方面的影响及对策

5.1 社会责任核心主题之环境综述

5.1.1 定义和范畴

ISO 26000 环境主题分析了企业与环境、环境与社会责任之间的关系，并阐述了当前的环境挑战，倡导企业要采取综合的、系统的和相互合作的方法妥善处理各种环境问题。环境是企业社会责任的重要内容之一。在 ISO 26000 社会责任国际标准中，环境主题包含了企业在处理环境问题时应当遵循的原则，以及环境领域的一些比较重要的实践和方法。

ISO 26000 对环境责任的定义是“指企业在谋求自身及股东经济利益的同时，除遵守法律法规外，应当为其活动产生的对农村或城市地区及更广泛的自然环境的环境影响承担责任。”❶ 也就是说企业应当认识到生态承载能力是有限的，需要采取行动改善企业自身及影响范围的环境绩效，对环境公共利益负责。

企业环境责任中的自然环境，包括空气、水、土地、自然资源、植物、动物、人和太空及他们之间的相互关系。❷ 在 ISO 26000 中主要涉及四个方面：一是防止污染；二是资源可持续利用；三是减缓并适应气候变化；四是环境保护、生物多样性与自然栖息地恢复。

ISO 26000 中的环境责任并不仅仅局限于“环境”章节中，还与其他社会责任核心主题及其议题密切相关。对于企业来说，环境事务不仅仅局限于自身运营对自然环境的影响，而且还广泛涉及到社会责任的其他核心主题。所以，应对环境责任进行全面的理解。具体而言，企业治理需要考虑对环境事务处理的需要，如 ISO 26000 在组织治理主题部分就强调，企业的决策程序和结构应当使其能够有效利用自然资源；人权中的生存权等诸多权利也与环境密切相关，如 ISO 26000 在人权主题部分提出，参与可能显著影响诸如水、森林或大气等自然资源或破坏社区的开采或其他活动将会使企业增加侵犯人权的风险；公平运营实践主

---

❶ Guidance on social responsibility，ISO/FDIS 26000：2010(E),p41。

❷ Guidance on social responsibility，ISO/FDIS 26000：2010(E),p2。

题中的“公平竞争”和“在价值链中促进社会责任”都可能与环境问题有关，前者与是否执行“污染者付费”相关，后者则涉及对价值链成员履行环境责任的管理；消费者主题中的“保护消费者健康与安全”和“可持续消费”都与环境有直接关系，尤其是后者，倡导企业引导消费者以与可持续发展相一致的速度消费产品和资源；社区参与和发展主题中的一项重要内容是保护所在社区的环境，促进社区居民的公共健康。

5.1.2 原则和考虑

➢ **促进企业可持续发展履行环境责任的原则**

ISO 26000 提出，企业应尊重和促进四项环境原则，包括环境责任原则、预防性措施原则、环境风险管理原则和污染者付费原则。其中，环境责任原则强调企业应担负起广泛的环境责任；预防性措施原则、环境风险管理原则和污染者付费原则则是企业在担负环境责任过程中应坚持的重要原则。四项原则贯穿整个 ISO 26000 环境主题的所有行动和期望。

➢ **利于企业循环经济发展及清洁生产的考虑**

ISO 26000 提出要根据实际情况应用具体的环境管理策略与方法，并提供了七种具体的环境管理方法和策略，包括“生命周期方法”、“环境影响评估”、“清洁生产和生态效益”、“产品—服务体系方法”、“采用环境友好技术和良好做法”、“可持续采购”、“学习和环境意识提升”。

5.2 中国企业在环境主题上面临的挑战

5.2.1 防止污染方面的挑战

➢ **理念上，由事后的环境污染处理理念向预防性措施理念的转变**

ISO 26000 提出了企业应对环境问题的理念，这些新的理念与中国企业对环境责任的传统认知存在差异。

首先是环境责任理念。ISO 26000 要求企业应秉承广泛的环境责任理念，不仅对显性的环境影响承担责任，而且对隐性的、未来的环境影响承担责任。不仅对计划范围内的活动所产生的环境影响承担责任，还应对未曾预见而对社会、环境发生了实际影响的行为承担责任。

其次是长期成本理念。ISO 26000 要求企业不能仅仅关注短期的、眼前的成本和收益，短视的目光对企业的长期利益不利。在考虑措施的成本效益时，企业应当考虑该措施的长期成本和效益，而不仅仅考虑给企业增加的短期成本。

第三是预防责任理念。ISO 26000 预防性措施的具体要求是：凡有对环境和人类健康造成严重或不可逆转损害的威胁，均不应当以缺乏充分的科学定论为借口，推迟采取符合成本效益的、防止环境退化和人类健康损害的措施。

过去，企业通常采取的是先污染后治理的模式，但因事后处理资金耗费巨大且很多情况下环境破坏不可逆转。例如：从 20 世纪 80 年代开始，云南省滇池周边的企业 20 年间总共创造了几十亿元产值，但却使滇池水体饱受污染之苦，水质富营养化速度加快，滇池外海水质沦为劣五类。而要初步恢复滇池水质（达到Ⅲ类水标准）至少要花几百亿元。“十二五”期间，滇池治理明确指出了以六大工程为重点的治理思路，规划总投资将达到 420. 14 亿元。力争到 2015 年，滇池湖体总体水质达到Ⅴ类，力争湖体总体水质达到Ⅳ类。[1] 可见先污染后治理得不偿失，花费的资金与精力更大。20 世纪 80 年代之初，滇池周边企业仅仅考虑了短期成本，未将日后对环境修复的成本一并考虑，使得企业承担沉重的环境责任。可见采取预防性的环境保护措施的重要性。

➢ 方法上，由单纯的污染防治向环境风险管理的转变

过去企业仅仅关注单纯的污染防治问题，只做到最低限度地不违反法律的义务即可（只按照法律法规规定的义务采取措施），ISO 26000 对中国企业提出了环境风险管理的新挑战。

环境风险管理原则是指企业“应当按照基于风险和可持续性的视角推进计划的落实，以评估、避免、减少和缓解自身活动所引致的环境风险和影响。宜制定和实施意识提升活动和应急反应程序，以减少并缓解事故所造成的环境、健康和安全影响，并向主管当局和当地社区通报环境事故信息”。[2]

环境风险管理原则强调，一是企业决策和活动会导致环境风险和影响，推进企业活动计划必须树立环境风险管理意识和可持续发展意识，以评估、避免、减少和缓解自身活动导致的环境风险和影响；二是企业要加强环境风险意识教育和环境风险管理能力建设，有效制定应急反应程序，以减少并缓解事故所造成的环境、健康和安全影响；三是企业在管理环境风险方面要保持透明度，加强与利益相关方沟通，主动向主管当局和当地社区通报有关环境事故的信息。

---

[1] 《昆明日报》，2012 年 02 月 13 日。

[2] Guidance on social responsibility，ISO/FDIS 26000：2010(E)，p52。

2010 年 7 月 3 日，紫金矿业位于福建上杭县的紫金山铜矿湿法厂发生污水渗漏事故，9100 立方米废水外渗引发福建汀江流域污染，造成沿江上杭、永定鱼类大面积死亡和水质污染。紫金矿业直至 12 日才发布公告，瞒报事故 9 天。紫金矿业瞒报事故的行为违背了 ISO 26000 的环境风险管理原则，企业并没有环境风险管理的意识，仍然是按照过去的先污染后治理的方法来处理问题，缺乏危险事故的应急反应程序。瞒报事故的行为使企业的股票价格骤跌。而且 2010 年 9 月 30 日紫金矿业收到福建省环境保护厅下发的行政处罚决定书。决定书除明确罚款金额外，还责令紫金矿业采取治理措施，消除污染，直至治理完成。相关责任人员也受到了相应的刑事处罚。

➢ **行动上，由对现实的、直接的污染的管理向对潜在的、间接的污染预防的延伸**

为更好地预防自身活动所产生的污染，ISO 26000 要求除了关注对现实的、直接的污染的管理外还要关注如何预防潜在的、间接的污染，具体体现在以下几个方面：

在废弃物管理方面。中国现行法律法规中仅有对废弃物处理的要求，例如《固体废物污染环境防治法》从整体上提出了对废弃物处理的要求，其第五条阐述了产品的生产者、销售者、进口者、使用者对其产生的固体废物依法承担污染防治责任。这是各企业依法承担的法定义务。但除了履行法律义务之外，ISO 26000 对企业提出了更高的要求，企业的行动不能仅仅止于废弃物的处理，还要建立废弃物管理层级体系，并采取预防措施。

在环境信息披露和沟通方面。目前，企业需遵循的法定义务则规定在《环境信息公开办法（试行）》中，我国针对企业在环境信息披露和沟通方面采取的是自愿公开与强制性公开相结合的原则，除了《环境信息公开办法（试行）》中规定的“(一)企业名称、地址、法定代表人;(二)主要污染物的名称、排放方式、排放浓度和总量、超标、超总量情况;(三)企业环保设施的建设和运行情况;(四)环境污染事故应急预案。”四类环境信息之外，其他的均可由企业自行决定是否公开。但 ISO 26000 与现行法律法规规定的法定义务相比扩大了环境信息披露的范围：除了就现有和确定的环境信息要披露之外，ISO 26000 还要求就潜在的污染排放和废弃物、有关健康风险及将来要采取的缓解措施进行披露。

在化学品储存运输方面。企业要符合中国《固体废物污染环境防治法》及 2011 年 3 月 2 日修正的《危险化学品安全管理条例》中对化学品的储存和运输等方面的规定，ISO 26000 要求对化学品事故进行预防和提供应对方案，并制定应急计划。ISO 26000 与现行法律法规规定的法定义务相比对公众参与的深度和广度有更高的要求，要求劳动者、合作伙伴、当局、当地社区和其他有关的利益相关方参与其中。同时，对应急计划的内容要求包括危害识别和风险评估、通知程序和召回程序、沟通体系以及公共教育和信息等相关事项。

5.2.2 资源可持续利用方面的挑战

➢ **理念上，由污染者付费向受益者负担的转变**

ISO 26000 规定的污染者付费原则是指污染环境造成的损失及治理污染的费用应当由排污者承担，而不应转嫁给国家和社会。该原则是在 1972 年由经济合作与发展组织（OECD）通过的一项决议中提出，并很快成为国家参与国际贸易的一项规则而被国际社会广泛接受，成为各国制定环境法的一项基本原则。我国在参照“污染者付费原则”的基础上，1979 年《环境保护法（试行）》第六条规定了“谁污染，谁治理”，只明确了污染者的治理责任，未明确对污染造成损失的赔偿责任。1989 年《环境保护法》通过具体规定，更加全面地贯彻了“污染者付费原则”。通过这些规定要求污染者既要承担排污费，又要承担损害赔偿的民事责任。纵观我国环境保护立法进程，规定污染者环境保护责任始终以污染者付费原则为基础和核心内容，并设立排污收费制度实施污染者付费原则。

可见，我国实施的污染者付费原则经历了一个不断完善、不断细化的过程，与社会责任国际标准中体现的原则已基本一致，但仍存在部分差异。社会责任国际标准中的污染者付费原则已不仅仅是利用经济手段减少污染的影响，而是促使污染者通过量化减少污染带来的经济和社会双重效益，从而主动防治污染，达到从源头上消除或降低污染的目标。我国目前实行的污染者付费，仍然以污染后处罚作为补偿手段，且在实施过程中存在诸多不足，一定程度上弱化了该原则的根本目标。中国企业在应对 ISO 26000 中由污染者付费向受益者负担的转变这一挑战时，除了关注以往的只对企业实施的污染付费之外，还应关注企业在涉及到资源开发利用中实际受益的费用。

➢ **方法上，由单项的环境管理向全过程环境管理的扩展**

过去企业更多地开展阶段式的单项的环境管理，而 ISO 26000 要求企业进行运营全过程的环境管理模式，在适当情况下应用相关的环境管理方法和策略，以不断提升环境管理水平和绩效。ISO 26000 提出了七种在国际社会上广泛应用的环境管理方法和策略，分别为“生命周期方法”、“环境影响评估”、“清洁生产和生态效益”、“产品—服务体系方法”、“采用环境友好技术和良好做法”、“可持续采购”、“学习和环境意识提升”。其在管理方法上要求改进现有方法，升级或引进新技术或新工艺，采用生命周期的方法，使得产品从摇篮到坟墓都采用环境友好技术和良好方法，并形成体系以达到资源可持续利用的目的。

➢ **行动上，从资源单向要素的利用到要求采取资源效率措施并循环利用**

现有企业管理中，一般是将水、森林等单项自然要素的利用与污染防治分别管理，ISO 26000 提出了更有效的行动和方法：要求对自然资源不能孤立地利用，而是要采取资源效率措施并进行循环利用。例如，在对水资源的利用方面，过去企业大多注重的是单纯的利用，但随着水资源的短缺，水质性缺水已经成为中国企业发展的一个巨大的挑战，水资源价格也不断攀升，节约用水的确是降低成本的一个途径，但是毕竟不是可持续性的、根本的解决办法。ISO 26000 提出了比较明确的行动方向，除了考虑对能源、水和其他资源的使用，还要考虑采用最佳实践指标和其他衡量基准，提高资源的效率，尽可能地使用回收材料和促进水资源再利用。

5.2.3 减缓并适应气候变化方面的挑战

➢ **理念上，所有企业在应对减缓气候变化的同时还要做好适应气候变化的准备**

ISO 26000 与气候变化的相关内容为“每个企业都对某些温室气体排放（直接或者间接）负有责任，并将以某种方式受到气候变化的影响。最小化组织自身的温室气体排放（减缓）并对气候变化做出规划（适应），对组织而言是有意义的。适应气候变化会对健康、繁荣和人权产生影响，从而也就具有了社会意义。”❶ ISO 26000 要求企业不仅要为减缓气候变化作出贡献，还要考虑全球和地区未来的气候预测，以识别风险，将适应气候变化纳入自身决策过程中。这一方面说明了环境、生态系统的整体性和不可逆性，也在另一方面认识到了气候变化这个每个企业都无法忽视的事实，即便现有科技水平无法证明也难以对其减缓做出特别有实质性的改变。所以从理念上，各个企业应该重视这个问题并尽量去适应气候变化这一现象。

我国应对气候变化的基本立场在《中国应对气候变化国家方案》中得到明确的体现。该方案强调，中国遵循《气候公约》规定的“共同但有区别的责任”原则。根据这一原则，发达国家理应带头减少温室气体排放，并向发展中国家提供资金和技术支持，以减缓并适应气候变化。发展中国家没有测量、记录和报告主要温室气体的义务，但仍然可以通过自愿减排的方式履行自身应负

❶ Guidance on social responsibility，ISO/FDIS 26000:2010(E),p45。

的国际责任。ISO 26000社会责任国际标准与我国在气候变化问题上的原则存在明显冲突，即“应该对温室气体排放进行测量、记录和报告”的主体范围，社会责任国际标准中指所有组织，自然包括发展中国家的所有组织。我国在应对气候变化问题上采取自主减排，不接受在此问题上所开展的国际核查。中国的各企业尤其是参与国际市场竞争的企业，在此问题上会受到比较大的挑战和影响，可能会受到绿色贸易壁垒的影响，或者因未承担相应的碳减排责任而市场受阻。

➢ **方法上，环境信息披露责任的规定与企业应当承担的法定义务相冲突**

ISO 26000要求识别累积的温室气体排放的直接和间接来源，并界定其责任边界（范围）；测量、记录和报告自身主要的温室气体排放，最好使用在国际公认标准中已得到良好定义的方法。[1]

我国对环境信息的披露机制已有一些成文的规定，如《中华人民共和国环境保护法》第七条规定由环境保护行政主管部门对环境保护工作实施统一监督管理。污染者对管理部门负有信息披露义务，如《新化学物质环境管理办法》第十八条有“环境信息公开”条目。特殊情况下应扩大披露范围，如第三十一条规定，“因发生事故或者其他突然性事件，造成或者可能造成污染事故的单位，必须立即采取措施处理，及时通报可能受到污染危害的单位和居民。”《环境信息公开办法（试行）》规定，除非是超标排放的企业，基本根据自愿原则公布环境信息，还对政府环境信息公开作了范围、程序等方面的详细规定。但要注意的是，我国虽已建立了较为完善的上市公司信息披露法律制度，但环境信息在信息披露制度中未得到反映。目前，我国形成了以《公司法》、《证券法》、《股票发行与交易管理暂行条例》为主体，以《公开发行股票公司信息披露实施细则》和证监会发布的《关于信息披露的内容和格式准则》为具体规范的信息披露的基本框架，即首次披露（招股说明书、上市公告）、定期报告（中期报告、年度报告）和临时报告（重大事项报告）三部分的信息披露制度，但环境信息披露的内容未包含其中。

ISO 26000社会责任国际标准与我国在环境信息披露方面的基本原则是一致的，即为减少污染和改善生产，环境信息披露是必要的手段，但在强制性及对谁负有披露义务等方面均存在差异。社会责任国际标准中的信息披露是强制性的、公开的，只要其活动产生污染物，就应该披露相关信息，披露的对象应该是整个社会，而不仅限于管理机构。而我国规定污染者只对管理部门负有信息披露义

[1] Guidance on social responsibility，ISO/FDIS 26000:2010(E),p46。

务，同时又规定非超标排放企业的环境信息披露是自愿的。但 ISO 26000 这一更高的要求其本质是标准的基本原则之一——透明度原则要求的具体体现和延伸，其含义是指企业在其对社会和环境产生影响的决策和活动方面的信息应对利益相关方透明，即企业应当以一种清晰、准确和完整的方式在合理和充分的前提下对外披露它对之负责的政策、决策和活动，包括已知的和可能的对社会及环境的影响情况。通过充分的信息披露，使利益相关方对企业的行为及其影响有全面的了解，进而做出正确的判断，这也是对企业履行社会责任的基本要求。但这一要求对中国企业来说是一个非常大的挑战。

➢ **行动上，要求企业进行优化措施尽可能减少温室气体排放**

气候变化问题不再是责任难分的单独问题，每个企业都应当承担其中的责任，ISO 26000 开始关注对温室气体的测量记录和报告、识别气候变化风险并将其纳入决策、在影响范围内提升利益相关方适应气候变化的能力建设三大方面的要求，对企业提出了明确的任务。

在识别、记录方面。ISO 26000 对测量记录和报告有非常细致的要求，包括对识别和记录的范围、方式及种类等都有明确的要求。同时要考虑全球和地区未来的气候预测，以识别风险，将适应气候变化纳入自身决策过程中。

在采取措施方面。ISO 26000 在总体上要求企业采取优化的措施，在自身控制范围内逐步减少和最小化直接和间接的温室气体排放，并在自身影响范围内鼓励类似行动；考虑采取碳中和举措，以抵消温室气体（GHG）排放余额。例如通过支持以透明方式运行的可靠的排放削减计划，如碳捕获与储存或碳封存。

在能源利用方面。ISO 26000 要求要及时审查企业内部主要燃料使用的数量和类型，并实施计划以提高效率和效果。即使已经考虑了低排放技术和可再生能源，也应当使用生命周期办法以确保温室气体排放的净减少；在组织内部尽可能地实现能源节约，包括采购高能效商品和开发高能效的产品与服务。

据调查显示，2011 年中国上市企业 100 强中，一半企业不愿披露碳信息，书面回复率只有 11%，仅高于俄罗斯的 8%，远低于印度和巴西的 28% 和 67%。而且这已是历年最高。而同期针对全球 500 强的《CDP 2011 全球报告》中，396 家企业填写了问卷，回复率高达 80%。[1] 在应对气候变化方面，中国企业还停留在数据统计和分析的阶段，很多甚至不清楚自己的碳排放是多少，没有意识到气候变化的重要性。

[1] 中国百家上市企业碳信息公开现状披露，http：//www.nhj.com.cn。

5.2.4 环境保护、生物多样性和自然栖息地恢复方面的挑战

➢ **理念上，企业大部分未意识到综合生态系统管理理念**

ISO 26000 指出了现在所面临的环境挑战：“社会正面临着诸多环境挑战，包括自然资源枯竭、污染、气候变化、栖息地破坏、物种灭绝、生态系统崩溃，以及人类的城乡定居地退化。随着世界人口的增长和消费的增加，这些变化正日益威胁着人类的安全、健康和社会福祉。需要找到可行的办法来减少并消除不可持续的生产和消费的规模和方式，并确保人均资源消耗的可持续性。地方、区域和全球层面的环境问题是相互关联的。处理这些问题需要采取综合性的、系统的和相互合作的办法。”ISO 26000 指出在处理目前的环境挑战时需要采取综合性的、系统的和相互合作的办法。这一思路与综合生态系统管理（IEM）的方法是相一致的。而 IEM 在中国企业的推广认知还处于起步阶段，需要企业重新认识，更加合理有效地进行管理。

➢ **方法上，还未完全掌握对生态系统整体进行积极影响的方法**

过去中国企业要么只注重环境污染的防治，要么仅注重资源的利用，忽视了对整个生态系统的影响。ISO 26000 增加了对生态系统的积极影响的要求，而这些要求目前在中国企业大部分都没有涉及过，生态系统整体性理念在企业的运营中也基本未体现。

在企业的开发建设过程中，企业应将对自然栖息地、湿地、森林、野生动物走廊、保护区和农业用地的保护融入建筑和建设工程的开发过程。

在规划、设计和运营的实践过程中，企业要最小化土地使用决策可能造成的环境影响，包括与农业和城市发展有关的土地使用决策。

在整体上，ISO 26000 要求企业采取措施以保护任何可能受到不利影响的地方性的、受威胁或濒危的物种或栖息地；考虑到野生动物及其栖息地是自然生态系统的一部分。因此，应重视和保护野生动物及其栖息地，并考虑野生动物的福利。

➢ **行动上，对企业保护全球生物多样性的要求会带来运营成本的提高**

ISO 26000 要求企业采取措施保护全球生物多样性、动物福利，会对企业运营成本提高有着一定的影响。生物多样性保护需要全世界人民的共同努力，保护生物多样性的措施和方法需要大量的专业科技知识和人力财力，单凭某一企业之力会大大增加企业的运营成本，这是需要当地政府、企业、当地居民共同应对的一个问题。ISO 26000 要求避免采取会威胁物种生存或导致全球、地区或当地物种灭绝，或允许入侵物种传播或扩散的措施。因为生物多样性涉及的是生态系统

的问题，一旦被破坏，则难以恢复。即便恢复也需要相当长的时间和巨额资金，破坏后再恢复会极大地增加企业运营成本。目前，中国企业很少进行生物多样性的保护实践。

5.2.5 小结

对于中国企业来说，环境责任一直是一个比较容易被忽视的问题。但是，在社会责任语境下，要以可持续发展原则为指导。为了使企业能够健康、持续的发展，ISO 26000 给企业提出了更多的要求、更高的标准。总体而言，中国企业面临的挑战主要体现在以下几个方面。

➢ **对相关的环境责任理念的认识不足**

ISO 26000 标准体系之下，应对环境责任理念进行全方位的理解。过去，很多中国企业认为环境责任仅仅是承担污染治理即可，但这与 ISO 26000 的要求还相差甚远。企业应该对环境责任理念进行全面的理解：一是要对给各方面造成的环境影响承担责任；二是要为防止意外和不可预见的消极影响的重复产生而采取行动，以避免企业重犯类似的错误。环境责任要求不仅要对显性的影响承担责任，而且还要对隐性的、未来的影响承担责任。不仅要对计划范围内的活动所产生的影响担责，还应对未曾预见而对社会、环境发生了实际影响的行为承担责任。

➢ **对相关的全过程环境管理的流程和环境风险管理的方法运用不到位**

过去，中国企业没有形成全过程环境管理的理念和要求，仅仅是分阶段的单独的环境管理。ISO 26000 提出了新的挑战，要求贯穿全过程的环境管理模式。企业在环境管理活动中，应在适当情况下应用相关的环境管理方法和策略，以不断提升环境管理水平和绩效。ISO 26000 提出了七种在国际社会上广泛应用的环境管理方法和策略，可以概括为全过程绿色管理。过去，中国企业仅仅关注单纯的污染防治问题，只做到最低限度地不违反法律的义务即可，ISO 26000 对中国企业提出了环境风险管理的新挑战。

➢ **某些环境责任的规定和气候变化责任的承担高于我国环境法规的要求**

ISO 26000 对环境信息的披露有严格的要求，但是这些规定远高于我国现有的法律法规的相关规定。《中华人民共和国环境保护法》、《环境信息公开办法(试行)》对企业环境信息披露做出了笼统性的规定。但要注意的是，我国虽已建立了较为完善的上市公司信息披露法律制度，但环境信息在信息披露制度中未得到反映。目前,我国形成了以《公司法》、《证券法》、《股票发行与交易管理暂行条例》为主体,以《公开发行股票公司信息披露实施细则》和证监会发布的《关于信息披露的内容和格式准则》为具体规范的信息披露的基本框架。但在这些法律法规中,对企业环境信息披露的内容未包含其中。

另外,气候变化的责任承担也超出了我国现有的法律框架体系。目前,我国所签署的国际公约并未承担ISO 26000中所要求承担的责任,这对我国企业来说的确是个前所未有的高标准的要求。

5.3 中国企业在环境主题上面临的机遇

5.3.1 防止污染方面的机遇

➢ **通过承担环境责任为企业获取竞争优势**

企业在生产运营过程中,通过识别、管理自身对环境的影响或潜在影响,提高自身及影响范围的环境绩效,有助于获取所在社区、政府的认同和支持,有利于市场开拓,最终提升企业的竞争力。

中国铝业公司:改善社区水质,助力项目开展

中国铝业公司2007年收购了秘鲁特罗莫克铜矿项目。之前为矿业公司通过修建专门隧道,用于排放生产废水。该隧道排放的污水直接对附近河流造成污染,超过90万居民的日常生活及农牧业生产常年受到污水影响。为此,中国铝业公司认真研究了当地生态环境、社会经济环境,确定先期修建污水处理厂的方案,并采用世界一流的标准,使用世界一流的技术,进行设计、建设。2010年4月,金斯米尔水处理厂投入使用,使该地区70多年来无序开采造成的水污染得到彻底治理。

秘鲁媒体曾多次报道金斯米尔水处理厂的建设情况,赞扬该水处理厂的建成及运行将极大地改善当地环境,并称赞中国铝业公司真诚承担社会责任、促进当地民生发展。秘鲁总统阿兰·加西亚也多次询问水处理厂建设的进展情况,对中国铝业公司承担企业社会责任给予高度评价,并亲自参加了金斯米尔水厂的运营剪彩仪式。

促进了中铝秘鲁铜矿项目建设。中国铝业公司在特罗莫克铜矿尚未开工建设之前,就投资5000多万美元修建污水处理厂,使秘鲁各界和当地居民认识到中国铝业公司主动承担社会责任、做优秀企业公民的可贵品质,为中国铝业公司赢得了广泛的赞誉,促进了特罗莫克铜矿项目的开发和建设。2010年12月,项目的环境与社会影响评价(EIA)获得批准;2011年7月,项目获得主体工程建设开工许可,目前项目建设已全面展开。

➢ 通过负担企业自身活动造成的污染成本提高企业绩效

在ISO 26000环境主题中，涉及到污染者付费原则。这一原则的要求，使得企业更加能通过量化而明确清晰的成本，将外部成本内部化，贯彻预防原则，避免污染事故发生后再进行处理的更大代价，不断提高应对环境应急事故的能力。

污染者付费原则。首先，强调环境具有公共产品属性，企业决策和活动对环境的污染具有经济学中所说的“外部性”特征。污染者付费原则可以说是“外部性”治理的一种制度安排，它要求企业应当优先努力将污染成本内部化，“负担自身活动造成的污染成本。”[1] 污染成本的测算，则应以企业对社会造成的环境影响程度及要求的补救行动，或者污染超过可接受水平的程度为依据。其次，强调企业应量化预防污染所带来的经济效益和环境效益，而不仅仅是基于“污染者付费”原则减轻其对环境的影响。最后，强调可选择与其他方合作开发诸如意外事故应急基金等经济工具，以备重大环境事故处理成本之需。

企业应将环境责任融入其产品与服务，生产绿色的产品，减少污染，完善其社会价值。既能生产绿色产品又能实现绿色生产，这两者的结合是企业的社会责任。ISO 26000要求企业在生产产品和提供服务时注重防止污染，在方法上应采用环境风险的全过程管理，按照基于风险和可持续性的视角推进计划的落实，以评估、避免、减少和缓解自身活动所导致的环境风险和影响。经济的发展与能源密切相关。在全球能源危机日渐凸显的情况下，节约能源已经显得重要且刻不容缓，节水节能已经成为全社会必须共同关注和努力的事情。在这种前提下，适应发展的潮流，从点滴做起，为社会提供高性能的节能产品，并在自身的运营中，创新资源节约，是每一个负责任创新型企业的神圣职责。ISO 26000环境主题中的资源可持续利用议题提出了对能源效率、材料使用效率和最小化产品对资源的耗用等的具体要求，这些要求旨在更加关注对不断创新资源综合利用技术的鼓励，生产环境友好型产品，提供服务的同时也要注重环境责任。例如，万科集团2010年落实的绿色三项项目：珠海宾馆、中新生态城一期等75万平方米的项目已经全部通过绿色三星评审。消费者更倾向于选择通过绿色三星评审的项目。

博西威家用电器：持续降耗，创新节约资源

博西威家用电器有限公司全面引进全自动生产设备和生产技术，严格执行德国质量标准，并始终致力于开发和生产具有德国品质、适合中国家庭使用的

[1] Guidance on social responsibility，ISO/FDIS 26000:2010(E)，p52。

洗衣干衣设备。

(1) 对创新型资源节约措施进行持续而稳定的投资。博西威家用电器有限公司始终致力于在其生产过程中节约资源，并持续为消费者提供更高节能水平的洗衣机。多年来，该公司对创新型的资源节约措施进行了持续而稳定的投资。

(2) 引进新型先进水压传感器。博西威家用电器生产出来的洗衣机产品引进新型先进的水压传感器，可以根据不同的洗剂重量控制水位。同时，可以探测供水是否正常，以避免空转，达到节水和节能的双重目的。

(3) 使用智能控制器（自动负载检测）和快洗程序，如超快 15 分程序（洗、漂、脱水过程），在节水和节能方面作出了重要贡献。

博西威家用电器有限公司持续努力，不断投资，通过引进新型传感器等高科技设备，为消费者提供更节能环保的洗衣机。这一发展战略现在已经取得巨大成就，并让公司和社会获益匪浅。自 1996 年以来，博西威家用电器有限公司通过采用先进的设备和技术，已经成功地把洗衣机的能耗降低了 40%。

5.3.2 资源可持续利用方面的机遇

➢ **可持续性和清洁生产要求可以推动成本节约**

ISO 26000 提出的七种在国际社会上广泛应用的环境管理方法和策略涵盖了企业环境管理的三大阶段。“清洁生产和生态效益”、“产品—服务体系方法”、“可持续采购”关注了不同产品环节的可持续性问题和清洁生产的要求，为企业通过不断创新以节约成本提供了机遇。

可持续采购主要关注企业在原材料获取环节的环境责任，企业应在采购决策中考虑拟采购的产品或服务在整个生命周期中的环境、社会和道德绩效。如有可能，企业应优先选择环境影响最小化的产品和服务，这可以利用可靠、有效和经过独立验证的标签计划或其他验证计划，如生态标识或审核活动。

清洁生产和生态效益重点关注企业在生产环节的环境责任，清洁生产和生态效益是通过提升资源利用效率和减少污染物和废弃物的产生来满足人类需求的策略。此类策略的重点是从程序或活动的源头而不是末端进行改进。更清洁、更安全的生产方法和生态效益方法包括：改进现有方法、升级或引进新技术或新工艺、减少材料和能源的耗用、使用可再生能源、合理用水、消除或安全地管理有毒有害材料和废弃物，以及改进产品和服务的设计。

产品—服务体系方法主要关注企业在产品销售或提供环节的环境责任，通过这种方法可以使市场互动的重点从销售或提供产品（即通过一次性销售或租赁/

出租转移所有权)，转向销售或提供能联合满足顾客需求的产品—服务体系（通过多种服务和交付机制)。产品—服务体系包括产品出租、产品租赁或共享、产品共用和付费服务。该体系可减少企业的原料使用，使企业获取收益与原料流脱钩，并且使利益相关方参与到推动生产者责任延伸至产品及配套服务的生命周期的过程中。

宝钢集团：全流程绿色管理

宝钢集团（简称宝钢）以生产钢铁为主，而在生产钢铁的过程中需要消耗大量能源，产生相当大的污染，“环境议题”自然成为宝钢集团履行社会责任的核心议题。为此，宝钢集团提出一个“全流程绿色管理+绿色价值创造”的环境经营构想，从绿色设计到绿色采购，再到绿色生产、绿色产品、绿色销售、绿色物流、绿色产业的每一方面都体现出宝钢集团不可替代的价值。

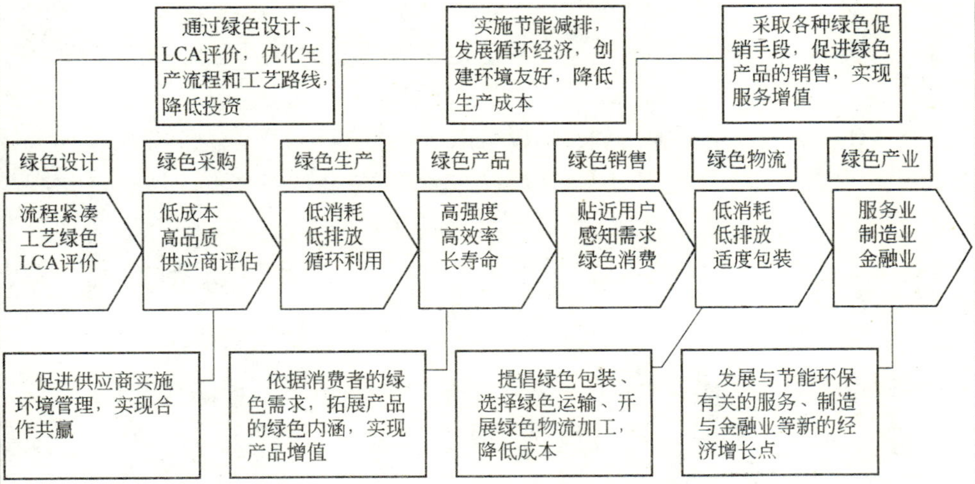

全流程绿色管理+绿色价值创造

宝钢制定严于法律法规的环境保护内控标准并严格执行，新、改、扩建项目的环境投资比例一般不低于5%，每年投入大量的资金用于环境工艺装备的技术改造和日常维护。自投产以来，宝钢未发生重大的环保违法违规事件，各项环境、能源消耗指标持续改善。

宝钢积极开展与国内外同行的交流与合作，一方面增强了公司的环境保护能力；另一方面也将宝钢多年来形成的先进节能、环保技术与管理经验推广移植到国内其他钢铁企业，带动了中国钢铁行业节能环保技术的整体进步，对中国甚至世界钢铁企业环境管理水平的提高做出了贡献。

建设几十年来，宝钢环境保护工作一直走在国内同行的前列，成为国内钢铁企业学习的榜样。2005 年，宝钢股份获得“国家环境友好企业”称号。2008 年，宝钢股份获得中国钢铁行业协会“清洁生产环境友好企业”称号。

➢ **推动价值链资源可持续利用的要求可以增强企业持续创新的动力**

ISO 26000 对能源效率、材料使用效率和最小化产品对资源的耗用等提出了具体要求，创新不但使企业可以节约成本，又可以使企业不断地创造新的价值。我国越来越重视环保创新产品，并加大资金投入。环保部副部长吴晓青曾表示：“十二五”期间，节能环保产业产值累计将达到十几万亿元，增加值将超过环保投入，也显示出创新产出大于治理投入的良好前景。吴晓青说，环保产业作为国家确定的七大战略性新兴产业之一，是为防治污染、改善生态环境、保护资源提供物质基础和技术保障的产业。“十一五”期间，我国节能环保产业产值累计超过 7 万亿元，增加值约 2 万亿元，已接近全社会环保投入。[1]

企业积极推行能源效率计划，不仅可以节约能源，也可以为企业本身创造价值。例如，20 多年来，壳牌汽车环保马拉松赛支持全球各地的车队，寻找实现燃油效率最大化的途径。目前，大赛纪录保持者用 1 升油行驶了 3771 千米。秉持这种挑战精神，壳牌与汽车制造商合作，探索汽车节能之道，挑战自我，创造美好的能源未来。

中国节能环保集团公司：自主创新技术　推进资源的可持续利用

中国节能环保集团公司是唯一一家主业为节能减排、环境保护的中央企业，是中国节能环保领域最具特色、最具竞争力的产业投资集团和集成服务运营商。中国节能环保集团公司始终专注于节能、环保和新能源领域的发展，致力于节能减排和资源综合利用、城市节能环保基础设施、清洁技术和新能源、生态环境和生命健康。目前，集团节能减排服务、垃圾发电、污水处理、新能源、节能环保建材、生命健康等业务板块规模和实力均居全国前列，形成了规划、设计、咨询、施工、装备制造、投资、运营的一体化、产业链的服务模式，构筑了以技术平台、基金平台、产业平台为主的支撑体系。

---

[1] 李禾．“十二五”环保产业产值将达十几万亿元[J]．科技日报．2012 年 03 月 31 日。

几年前，中国节能环保集团公司开始秸秆发电的研究并取得突破后，由中国节能环保集团公司下属的中节能生物质能投资有限公司和中国环境保护公司联合组建了中节能（宿迁）生物质能发电有限公司，并由它投资建设秸秆直燃发电示范项目。2006年，中节能宿迁秸秆直燃发电示范项目点火运行，标志着国产化秸秆直燃发电进入了一个新的发展时期。

在这一项目中，中国节能环保集团公司联合开发了两项具有自主知识产权的关键技术。由中国节能环保集团公司下属的北京中环联合环境工程有限公司和浙江大学联合研制的燃用生物质燃料的循环流化床燃烧锅炉，通过控制燃烧温度、金属壁面温度、炉膛出口温度等措施，解决上述技术难题，对各种类型的生物质燃料都有广泛的适用性。先进合理的设计可以保证电厂在绝大多数情况下维持高质量燃烧，从而从根本上保证生物质电厂的发电效率。

中国节能环保集团公司宿迁秸秆直燃发电示范项目是我国第一个拥有自主知识产权的秸秆直燃发电项目。这对于实现从对国外技术的依赖为主向自主创新为主的战略转变以及秸秆直燃发电项目的建设推广都具有重大而现实的意义。该项目不仅能改善江苏省的发电结构、部分解决当地的电力缺口，而且还有巨大的社会效益。在发出绿色电力的同时，还实现了热电联产，可向当地的工业园区企业实施集中供热，改善了园区的生态环境，降低了园区的运作成本。

5.3.3 减缓并适应气候变化方面的机遇

ISO 26000 注重系统化的管理思想，对企业在气候变化中所承担的责任提出了更高的要求，要求企业考虑全球和地区未来的气候预测，以识别风险，将适应气候变化纳入自身决策过程中；采取优化的措施，在自身控制范围内逐步减少和最小化直接和间接的温室气体排放，并在自身影响范围内鼓励类似行动；寻找机会，避免或最小化与气候变化有关的破坏，并在可能的情况下，利用机会进行调整以适应变化；采取措施回应已有或预计的影响，并在影响范围内致力于利益相关方适应气候变化的能力建设。ISO 26000 这些新的要求使企业需要承担更多的环境责任，对企业来说是一个更高层面的新要求。目前，中国一般的企业很难做到这些要求。然而在全球环境的背景下，国际市场更青睐于对全球气候变化负责任的企业，这些企业通过积极的应对气候变化的措施为企业本身可以赢得很好的国际声誉。

将气候变化视为机遇的中国企业非常有限。与高排放企业相比，低排放企业更能识别机遇。对于这些本身排放较低的企业，通过产品、服务和技术上的改进和创新，更容易走在低碳转型的前方。相对于机遇，企业更多看到的是风险。相关政策引发的风险是企业最为关注的，也是现阶段推动大多数企业应对气候变化的主要动力。明确的减排目标可以作为衡量企业是否将减排融入战略管理的标准之一。只有设定了减排目标，才能更具体地规划减排计划。

随着全球气候变化，节能减排和环境保护受到全球各界的高度关注，这是发展的需要、人类的选择、历史的必然。面对未来，如何实现社会经济的协调、可持续发展，是人类共同面对的战略性、全局性、历史性的重大课题。目前，我国已明确将应对气候变化纳入国民经济和社会发展规划。

在“十二五”期间，我国政府对应对气候变化也提出了新的方向，中国将把积极应对全球气候变化作为经济社会发展的一项重要任务，坚持以科学发展为主题，以加快转变经济发展方式为主线，牢固树立绿色、低碳发展理念，把积极应对气候变化作为经济社会发展的重大战略、作为调整经济结构和转变经济发展方式的重大机遇，坚持走新型工业化道路，合理控制能源消费总量，综合运用优化产业结构和能源结构、节约能源和提高能效、增加碳汇等多种手段，有效控制温室气体排放，提高应对气候变化的能力，广泛开展气候变化领域国际合作，促进经济社会可持续发展。例如：中国宝钢从20世纪末就开始关注全球气候变暖和 CO_2 减排问题，提高能效与资源利用效率、减少化石能源消耗一直是宝钢应对全球气候变化的重要方向。宝钢从中国国情出发、从钢铁行业的实际出发，致力于先进工艺技术与装备应用、高效清洁能源替代、节能减排措施落实、CO_2 回收利用及吸附固化技术研究、CO_2 排放数据研究与基础管理等工作，积极参与清洁发展机制（CDM）、亚太清洁发展和气候伙伴计划（APP）等国际合作，已经为 CO_2 减排做出了重要贡献。随着国家应对气候变化目标的出台，宝钢也从公司战略发展的高度来进一步加强应对气候变化和减少 CO_2 排放的管理工作。宝钢在新一轮发展规划中已经提出制定低碳发展战略、开展 CO_2 排放基础数据统计与管理、研发低碳工艺技术、应用绿色能源、进一步推广应用先进节能减排工艺技术等举措，继续为应对全球气候变化、降低 CO_2 排放做出贡献。

香格里拉酒店集团：推进绿色和减排行动

香格里拉酒店集团以其卓越的服务在酒店业享誉全球，在酒店的运营和管理中，将环境责任、气候变化应对融入企业发展战略，注重低碳、绿色和环保，注重为顾客提供可持续的产品和服务，注重推进绿色和减排行动，打造完美的顶级绿色酒店集团。

（1）采用绿色建筑标准，实现节能目标。香格里拉集团在新建酒店当中采用绿色建筑的标准，改造更新设备设施，在现有的酒店当中广泛地使用了各种节能产品，进行全面的环境管理。

（2）在运营过程中，加强对集团和供应商的碳足迹管理，打造绿色酒店。香格里拉酒店专门聘请专业机构对整个集团的碳足迹进行统计与分析，在各个不同的工作场所设定最佳操作流程，尽力降低经营当中的碳排放。香格里拉酒店集团不仅在本酒店当中设定标准，推进绿色和减排行动。同时，也要求供应商达到香格里拉提出的行为准则，聘请专业机构对所有重要供应商进行审核。

（3）为客户提供健康环保的绿色产品与服务，彰显全球知名酒店集团优势。香格里拉酒店在可能的情况下，尽量采用当地产品以及生态产品。例如，在度假酒店中使用的儿童餐具是由稻壳制作而成的，不仅健康而且环保。自2010年7月起，香格里拉酒店集团所有酒店的浴室用品全部采用可降解的环保材料包装。

香格里拉酒店集团的一系列举措减少了碳排放和对环境的不利影响，经济效益和社会效益显著。在减少碳排放方面，2010年，平均每客每天的碳排放与2009年相比，降低了6.79%。86%的酒店引入了低温洗涤，节省了电力与用水，同时延长了物品的使用寿命。作为一家负责的酒店集团，需要解决的问题包括：降低酒店在经营当中产生的碳排放，为顾客提供可持续的产品与服务，促进循环经济，这些既是酒店集团对环境、对社会负责任的行为，也是酒店提高企业竞争力的方向。目前，香格里拉酒店集团是亚洲最大的豪华酒店集团，且被视为世界最佳酒店管理公司之一。

5.3.4 环境保护、生物多样性和自然栖息地恢复方面的机遇

➢ **资源型企业通过综合规划可促进企业对自然资源的可持续利用**

单项规划往往会造成与未来规划间的冲突，ISO 26000从整体上综合考虑，要求企业建立并实施管理土地、水资源和生态系统的综合性战略，以公平的方式促进土地、水资源和生态系统的保护和可持续使用。同时，逐步提高来自于能够使用可持续技术和工艺的供应商的产品的使用比例，使得资源型企业管理更科学规范。

中国铝业公司在矿山开采过程中，投入人力物力对采空区进行复垦，重建矿区生态环境，推行“临时用地”方式，逐步将土地归还矿区失地农民，确保当地农民对土地资源的可持续使用。

➢ **企业对生态系统的最小干预可使企业保护生态系统与创造经济价值双赢**

企业进行生产经营对生态系统都会或多或少地造成影响，ISO 26000提出了

争取做到对生态系统的最小干预，从而尽可能地获得保护生态系统与创造经济价值的双赢。

生态系统具有很强的脆弱性，一经破坏所需恢复的时间漫长、资金巨大，有些生态系统甚至根本无法恢复，会造成物种灭绝或物种入侵。破坏生态系统不但会违反现有法律法规承担法律责任，社会、经济成本高昂，而且还会影响到人类和生态的可持续发展。生物是具有自组织和自适应能力的复杂系统，这是生物区别于非生物的最显著的特征。在这方面，目前还没有哪一种人工系统能够与生命系统相媲美，这也正是生物巨大的和特有的经济价值所在。按现行生物经济统计标准估计，2020 年全球生物经济含医疗、农业、工业的某些部分规模将达 15 万亿美元，这个尚在预期中的经济规模可谓巨大。企业可以通过参与市场机制以将环境影响成本内部化，并利用生态系统这种巨大的经济价值，在保护生态系统的过程中创造经济价值。

5.3.5 小结

参照 ISO 26000 对现有企业的环境责任进行重新审视，可以使企业可持续地、系统地、健康地发展，总体来说 ISO 26000 对企业有以下几方面的机遇。

- **推动企业积极承担环境责任，增强企业影响力**

ISO 26000 对企业的环境责任内容规定广泛，以推动企业最大限度地为可持续发展做贡献。企业应秉承广泛的环境责任理念，不仅对显性的环境影响承担责任，而且对隐性的、未来的环境影响承担责任。不仅要对计划范围内的活动所产生的环境影响承担责任，还应对未曾预见而对社会、环境发生了实际影响的行为承担责任。企业通过主动承担广泛的环境责任，可以增强企业的美誉度带来优于其他竞争者的机遇。

- **促使资源可持续利用，通过创新不断创造价值**

资源可持续利用包括对能源效率、材料使用效率和最小化产品对资源的耗用等的具体要求，企业通过积极采用科学的环境管理方法和策略，以可持续发展原则为指导，以促进资源可持续利用为目的，不断在企业的产品、服务体系等方面进行创新，从而降低资源耗用、节约成本，不断创造新的价值。

- **率先为全球气候变化做贡献，提升国际竞争力**

全球气候变化是国际社会广泛关注的一个重要问题，ISO 26000 在应对和适应气候变化方面提出了很多较高的要求。基于对全球和地区未来的气候预测，将适应气候变化纳入自身决策过程中；采取优化的措施，在自身控制范围内逐步减少和最小化直接和间接的温室气体排放，并在自身影响范围内鼓励类似行动。企业率先为应对和适应气候变化作出贡献，不但可以减少碳排放和对环境的不利影响，使得经济效益和社会效益显著。对于碳排放较低的企业，通过产品、服务和技术上的改进和创新，更容易走在低碳转型的前方，对企业提高国际竞争力是难得的机遇。

5.4 中国企业应对环境主题的对策措施

5.4.1 提升与贯穿中国企业的环境责任理念

将环境责任融入价值观和愿景，可以使企业实现宏观上的社会、经济、环境的协调与持续发展。企业只有在具有绿色的、可持续的理念指导下，才能为社会提供绿色的产品与服务。

例如，中国铝业公司将可持续发展的理念融入企业发展的价值观，以“点石成金，造福人类”为其愿景，以全球化的战略视野规划资源布局，致力于高效开发国内外矿产资源，并以更为经济、环保的方式生产出具有高附加值的产品，炼矿成金、变石为宝，服务生产生活的方方面面，为实现人类可持续发展，造福子孙万代尽职尽责。

5.4.2 注重环境问题的系统管理，将环境责任的管理融入到现有管理体系中

企业应考虑应用 ISO 26000 系列标准等技术工具，建立一个以系统的方式处理环境议题的总体框架，以便评估企业环境绩效、量化测量并报告温室气体排放，以及开展生命周期评估、环保设计、环境标签和环境沟通。

ISO 26000 系统性和融合性非常突出，而环境问题几乎是涉及到企业运营的各个方面，只有贯彻系统管理的理念，将环境管理融入到整个系统中，才能更好的承担企业环境责任。

5.4.3 促进环境责任履行的优先行动领域

➢ **推进环境风险全过程管理，尽可能防止环境污染的发生**

ISO 26000 对企业防止污染是最为基本的要求，在方法上应采用环境风险的全过程管理，按照基于风险和可持续性的视角推进计划的落实，以评估、避免、减少和缓解自身活动所引致的环境风险和影响。企业制定和实施意识提升活动和应急反应程序，以减少并缓解事故所造成的环境、健康和安全影响，并向主管当

局和当地社区通报环境事故信息。

该部分主要有以下四大方面的措施：一是建立全过程环境管理流程，从源头至末端进行全过程环境管理；二是建立环境风险管理系统；三是建立环境事故信息通报制度；四是成立环境事故应急专门部分并规定相应处理办法。

➢ 不断创新资源综合利用的技术，最小化产品对资源的耗用，促进资源可持续利用

ISO 26000 对能源效率、材料使用效率和最小化产品对资源的耗用等提出了具体要求，这些要求旨在更加关注对不断创新资源综合利用技术的鼓励。

国家发展和改革委员会公布了《“十二五”资源综合利用指导意见》和《大宗固体废物综合利用实施方案》，提出了资源综合利用工作的指导思想、基本原则、主要目标、重点领域以及政策措施。同时，提出了在工业、建筑业和农林业等领域选择产生堆存量大、资源化利用潜力大、环境影响广泛的固体废物编制实施方案。这些将对企业在资源可持续利用方面有很好的指导作用。

该部分的具体措施为：一是企业应注重能源效率。企业应当实施能源效率计划，并促进诸如太阳能、地热能、水电、潮汐能、风能和生物质能等可再生资源的可持续利用；二是企业应关注材料使用效率。企业应当实施材料效率计划，以减少在生产过程中，或者用于其活动或服务的最终产品中所使用的原材料对环境造成的影响。材料效率计划的基础是识别出在组织影响范围内提高原料使用效率的具体方法；三是企业应关注最小化产品对资源的耗用。企业应当考虑最终产品投入使用后所需要的资源消耗。

➢ 将应对和适应气候变化纳入战略与管理

尽管越来越多的企业在运营中考虑气候变化因素并采取相应措施，但将应对气候变化纳入战略与管理的企业仍占少数。大多数企业对风险与机遇的认识不足，也尚未制定减排目标。无论将气候变化看作风险还是机遇，都能成为推动企业主动应对气候变化、纳入战略管理的动力。

该部分的具体措施为：一是企业应持续完善环境管理体系，制定绿色发展规划，减少碳排放；二是尽可能提供绿色产品，采用绿色设计理念，在产品设计中考虑降低能耗、使用可再生材料、产品减量包装和运输等原则；三是实现绿色运营，企业应以“零排放”为目标，把节能环保落实到采购、生产、物流、办公等整个业务领域，实施生产全过程污染控制，建设绿色工厂，实现绿色运营。

➢ **环境决策上应注重规划的长远性，最小化对生态系统的不利影响**

ISO 26000 要求企业不能再仅仅关注眼前利益，更要着眼于未来，实施规划、设计和运营实践，以此作为一种方式，最小化其有关土地使用的决策可能造成的环境影响。企业在未来的决策中，应注重规划的长远性，关注对生态多样性的保护及尽量最小化对生态系统的影响。

该部分的具体措施为：一是企业应降低对自然生态的不利影响；二是增加对自然生态的积极影响；三是促进土地与自然资源的可持续利用。

6 ISO 26000 对中国企业在公平运营实践方面的影响及对策

6.1 社会责任核心主题之公平运营实践综述

6.1.1 定义和范畴

在社会责任领域，公平运营实践是指企业以符合良好道德行为的要求，通过自身与其他组织的关系推动积极结果的方式。这种关系包括企业同政府机构之间的关系，也包括企业与合作伙伴、供应商、承包商、顾客、竞争者及企业加入的协会之间的关系。企业可通过在整个影响范围内发挥领导力并推动更广泛地接受社会责任来实现积极结果。

ISO 26000 提出了公平运营实践的五大议题，分别是“反腐败”、“负责任的政治参与”、“公平竞争”、“在价值链中促进社会责任”和“尊重产权”。

6.1.2 原则和考虑

➢ **坚持良好道德行为原则**

对于建立和维持不同组织之间正当合法而又富有成效的关系，坚持道德的行为原则是不可或缺的。遵守、发扬和鼓励道德行为标准是所有公平运营实践的基础。

➢ **坚持担责原则、透明度原则、尊重法治原则**

预防腐败和进行负责任的政治参与，取决于尊重法治，以及对道德标准、担责和保持透明度的坚持。

➢ **做到诚实、公正和正直**

如果企业之间在彼此交往中不能做到诚实、公正和正直，公平竞争和尊重产权就无从实现。

6.2 中国企业在公平运营实践主题上面临的挑战

6.2.1 反腐败方面的挑战

➢ **理念上，企业需要认识到不同国家对腐败行为的界定和对反腐败的法律规定存在差异**

当前，腐败问题已成为一个影响和制约社会发展的国际性问题。《联合国反腐败公约》的生效，标志着国际反腐败斗争形成了基本共识，中国政府已于2005年加入该公约。但依据不同的政治、经济和文化特征，不同国家、机构对腐败的界定有所不同。ISO 26000体现西方自由主义理念和价值观，对于企业腐败行为的界定与我国国情、企情存在一定差异。ISO 26000中所说的腐败，是指为谋取私利而滥用授权，腐败的行为主体或对象包括公职人员或私营组织任职人员。而中国《反腐败法》中腐败的行为主体或对象仅包含公职人员，不涉及公职人员的贿赂、欺诈、洗钱等行为。同时，ISO 26000将反腐败的范围延伸至企业上下游合作伙伴，对于更多地关注自身反腐的中国企业而言，提出了一个新的更高的期望。

➢ **方法上，企业需要以系统性的方式管理反腐败议题**

ISO 26000指出了反腐败的多项行动，包括腐败风险的识别、政策措施的制定执行、反腐意识的提升、举报及保护等教育、制度、监督、改革和惩处等诸多方面。对于众多的中小企业、民营企业来说，逐步建立一个立体、完整的反腐体系是维护公平、透明的市场环境所必需的，但无疑这将是一个系统工程。

➢ **执行上，企业在跨国经营中面临更为复杂的反腐败的法律风险**

随着中国企业参与全球经济活动愈益深入，中国企业在国际市场从事商业活动面临反商业腐败诉讼的风险将大大增加。美国是目前反腐败法规最完善的国家，其《反海外腐败法》（FCPA）不仅对美国公司有效。对在美国上市及在美国有经营业务的外国公司也有效。反腐败调查范围已深入到公司运营的各个环节，包括供应、生产、销售、服务、运输、报关等。2008年，西门子公司海外受贿案接受美国司法部和德国司法部门处罚共计16亿美元，成为迄今世界跨国企业行贿金额最高的案件。

中国企业在预防美国反商业腐败调查方面尚缺乏经验、准备不足。自2000年以来，包括行贿案在内，约有10个针对中国官员的重要的民事、刑事诉讼案件。受到世界银行反欺诈、反腐败制裁的世界企业从2007年的1家、2008年的

3家，骤增到2009年的8家，其中包括3家中国公司。❶

➢ **行动上，企业需要将反腐败管理延伸至产业链上下游**

ISO 26000要求企业不仅要管理自身运营中的腐败问题，而且还要关注上下游合作伙伴的反腐败情况。包括：提高雇员、代表、承包商和供应商在反腐败和如何实现反腐败方面的意识；鼓励与自身运营有关的其他人采取类似的反腐败做法。这使得企业的反腐败责任边界有所延伸，提出了对产业链上下游开展反腐败管理的新要求。

6.2.2 负责任的政治参与方面的挑战

ISO 26000并没有给出政治参与的明确定义。我国学者认为，政治参与是公民或团体试图影响政府决策和人事结构的行为，是现代社会公民制约政府的重要手段。政治参与的有效性以及规模和程度也是判断一个政体是否民主的重要指标。❷ 政治参与在中国企业社会责任实践中鲜少被提及，对于参与国际竞争"走出去"的中国企业来说需要尤为关注。

➢ **理念上，企业对于中西方合法的、具有差异的政治参与方式认识不足**

由于政治体制和国情不同，中西方对于企业政治参与行为的理解存在相当程度上的差异。一是西方企业可以通过竞选来影响政策制定者，而中国企业通过这种方式影响政策过程的机会不多。即使中国企业能够推举自己的候选人参加人大代表的选举，在中国当前的政治现实中，这种民意代表能发挥的影响力尚值得探讨；二是西方企业的政治捐款行为是公开的，而且是有法律约束的。然而在中国，企业的政治捐助行为是法律不允许的，随着一些政治腐败案件的曝光，可以看到政策制定过程中也涉及到了金钱的因素；三是西方企业会利用游行示威的手段向政策制定者施加压力。在中国的传统政治观念中，人们普遍认为游行示威是对政府当局的否定，而不是利益诉求表达的渠道。因此，游行示威并不是中国利益集团影响政策制定的方式；四是西方企业会采取向法院提起诉讼的手段来影响政策制定。我国的政策决策权主要集中在党和政府手中，立法机构并不是从事决策的机构，因此通过立法机构来表达利益诉求的功能会受到限制。❸

---

❶ 奥巴马政府加强跨国企业反腐败打击力度，http：//www. usqiaobao. com。

❷ 孙关宏．政治学概论[M]．上海：复旦大学出版社，2003。

❸ 林竹．中西方利益集团参与政策制定方式之比较[J]．理论与现代化，2011，第5期。

➢ **方法上，合法利用游说组织，更有效地进行海外投资**

ISO 26000 从正反两方面阐述了“负责任的政治参与”的含义，指导企业采取负责任的政治参与行为促进公共政治进程。但如何结合企业运营的具体情况和企业性质，需要企业自行考虑。例如在美国，政治游说是联系立法者和利益集团的桥梁和纽带，是美国多元政治中的常见现象。中国企业如何利用游说组织更有效地进行海外投资？这是需要思考和探讨的。

➢ **行动上，“走出去”企业在海外经营中政治参与经验不足，处于起步阶段**

作为西方社会一种常见的政治参与方式——游说，也是中国企业开展海外投资并购获取当地社会认同所采取的一种重要方式。中国企业“走出去”的历史不过短短数十年，更多的时候是以外交来带动经贸，企业单独就某一项并购交易的游说历史较短，在这方面积累的经验明显不足。比如在美国，由于诸多主客观因素的影响，包括议员和官员的频繁变动造成的游说对象不固定，中美贸易逆差带来的美国国内中小企业和制造商对中国企业入境的反对声增强，中国企业管理缺乏透明化等原因，中国企业面临艰难的游说环境。[1]

同时，ISO 26000 指出，企业可以从提升负责任的政治参与意识、形成促进负责任政治参与的政策、保持政治参与的透明度、杜绝不合理的政治参与行为等方面开展行动，即负责任的政治参与必须做到途径是正当的，做法是透明的，过程是平和的，不误述、不误导、不恐吓、不强迫政策制定者。不难看出，现阶段中国企业在海外经营中开展政治参与，更多的是从自身经营考虑，对于进一步促进制定有利于社会大众的公共政策，推进公共政治进程涉及不多。

6.2.3 公平竞争方面的挑战

➢ **理念上，对全球市场的通用语言和规则的尊重和接受**

ISO 26000 将“公平竞争”作为重要的公平运营实践议题，指出公平竞争的益处和反竞争行为带来的危害。公平和广泛的竞争能够激发创新和效率，降低产品和服务成本，确保所有企业都享有公平的机会，鼓励开发新的或改进的产品或程序，并且从长远来看，促进经济增长和提高人民生活水平。而诸如价格垄断、串通投标、掠夺性定价等反竞争行为会损害企业在利益相关方中的声誉，并可能引致法律上的麻烦。这些，都要求中国企业不论在国内还是国际市场，都应坚持公平竞争，对全球商业市场的通用语言和规则予以高度重视和严格遵循。

---

[1] 游说美国：中国企业的必修课，http：//biz.163.com。

➢ **方法上，对不同国家、不同市场体制、不同企业性质背景下公平竞争准则难以完全把握**

关于中国国有企业公平竞争的问题一直存有争议。2008年，中国出台《反垄断法》，其适用于任何市场主体，无论是国有企业还是民营企业，无论是内资企业还是外资企业，在经济活动中都要遵守反垄断法的规定。但具体在特定市场环境下应遵守什么样的准则，ISO 26000制定的过程和所代表的西方意识形态将使这一问题更为复杂。

➢ **行动上，中国企业参与国际竞争时间不长，经验不足**

中国企业在“走出去”的时候，因对海外市场法律法规、竞争规则的不熟悉，会遇到如市场准入、贸易保护主义、不允许外资企业进行公平竞标项目等问题，“走出去”企业将面临更为严峻的海外生产经营环境。预防腐败是社会责任国际标准重要原则之一，我国一些涉外企业将有可能因行为不当而遭受直接损失，甚至被取消竞争资质。

世界银行制裁中国违规企业参与国际投标❶

据世界银行宣布，截至2010年底，总计有11家中国企业、1名中国公民被世界银行列入联合制裁名单，制裁年限从2~8年不等。其中，4家中国企业因在菲律宾的公路项目投标中存在合约违规、投标人串通等现象，违反了世界银行《采购条例》1.15（a）（ii）款：“通过有意误读事实来影响采购过程或者合同执行，进而损害借款人的利益。同时也包括与其他竞标者串通好在竞标前或后操纵竞标价格，进而影响自由与公平竞争”，分别被禁止参与世行资助的项目5~8年。这4家企业都是中国名列前茅的工程承包企业。出现不公平竞争行为，对中国其他企业的国际项目发展造成较大的负面影响。此次制裁对这4家企业来说，不仅影响公司声誉，而且在其他国际项目竞投中成为制约其发展的不利因素。

6.2.4 在价值链中促进社会责任方面的挑战

➢ **理念上，社会责任从企业自身延伸到整个价值链**

ISO 26000明确提出价值链中的每个企业都应遵守使用的法律法规，并为其对

❶ 世界银行封杀中国四大企业始末，http：//www.sbiao360.com。

社会和环境的影响承担责任。也就是说，价值链中的每个企业都应承担社会责任。另一方面，企业能够通过其采购和购买决策影响其他企业，即企业能够通过发挥对价值链的领导力和带动力，推动价值链成员接受和支持社会责任原则和实践。

➢ **方法上，要求企业从整个价值链来考虑自身生产经营活动**

企业社会责任不是孤立的一个企业行为，价值链成员社会责任缺失可能给企业运行和发展带来风险。ISO 26000 要求企业为价值链成员履行社会责任提供帮助和支持，鼓励其他企业在价值链中促进社会责任。目前，中国企业对于行业供应链社会责任管理的工具、原则（如《电子行业行为准则》）的使用掌握不足，缺乏对供应链社会责任系统管理的方法。

➢ **行动上，要求中国企业更多地促进供应链社会责任的发展**

ISO 26000 指出，企业应对与已有关系的组织进行恰当的尽责审查与监测，以防止对自身社会责任承诺的背离；考虑为中小型企业提供支持，包括提升社会责任意识，了解社会责任最佳实践，并向他们提供额外帮助（例如，技术、能力建设或其他资源）以实现社会责任的目标；积极参与提高与已有关系的组织对社会责任原则与问题的认知。以上种种，对中国企业供应链社会责任管理提出了更多、更高的要求。

据《2010 中国企业社会责任实践基准报告》（WTO 经济导刊）显示，不到 50% 的参评企业有通过审核、培训、辅导等活动提高供应商的社会责任水平方面的实践。近年来，食品安全事件屡禁不止，从“三聚氰胺”、“苏丹红”、“瘦肉精”到“牛肉膏”、“工业盐”、“染色馒头”等事件，食品安全问题的集中爆发，其中一个重要原因是食品供应链中企业社会责任的缺失。

6.2.5 尊重产权方面的挑战

➢ **理念上，要求企业从人权高度提升对产权的认知**

在 ISO 26000 中，知识产权被上升为《世界人权宣言》承认的人权高度。ISO 26000 界定了知识产权的范围，知识产权作为无形产权，包括“……版权、专利权、地理标志权、基金权、著作人身权及其他权利。它们还可以包括对更广义财产权利的考虑，比如原住民等特定群体的传统知识，或者雇员或其他人的知识产权等”。[1] 尊重和保护知识产权，已经成为世界各国实现可持续发展的一个普遍共识。在这种环境下，中国企业应提高对知识产权的人权意义的认知。

---

[1] Guidance on social responsibility，ISO/FDIS 26000:2010(E)，p51。

➢ 方法上，采取有效方式实现对自身产权的保护与对他人产权的尊重相结合

ISO 26000 以“尊重”而非“保护”来命题，蕴含了对知识产权自我保护和避免侵权两方面的考虑。2008 年，中国政府颁布实施《国家知识产权战略纲要》。近年来，从立法、审批登记、执法、机制和能力建设、宣传、教育培训、国际交流合作等方面不断推进知识产权保护工作的全面开展。❶ 在这种政策环境下，中国企业一要严厉抵制盗版侵权行为。同时，随着自主创新能力和水平的提升加强对自主知识产权的保护。

➢ 行动上，多方面考虑知识产权获取、保护以及对社会的开放利用

ISO 26000 指出，对产权的承认，促进了投资、经济和人身的安全，也激励了创造与创新。ISO 26000 期望企业一方面创新技术、获取知识产权；另一方面在行使和保护知识产权的同时，考虑社会期望、人权及个人的基本需求。中国企业在保护知识产权时应符合社会期望，一方面应切实保护好知识产权，保障知识产权所有者权益，激励创新和进步；另一方面知识产权保护又不能过度，知识产权保护行为不得损害社会的整体进步与发展，需要全面顾及人权等各方面的要求。

6.2.6 小结

改革开放 30 多年来，我国社会主义现代化建设的步伐突飞猛进，经济增长质量和社会发展水平显著提高。然而，具有社会主义特色的中国市场经济体制还不完善，作为市场经济主体的中国企业，仍然存在唯利是图、不正当竞争、侵权等有碍公平运营的行为，不利于中国企业与国际接轨。具体而言，ISO 26000 给中国企业公平运营实践带来了以下挑战。

➢ 对在不同国界、文化背景下的企业公平运营实践认识不够

ISO 26000 所定义的公平运营实践本身即一种积极的企业行为方式，而在不同的政治体制和市场体制下，对于符合法制、符合道德、公平正义的企业行为的界定有所不同。在海外运营的中国企业对所在国的企业运营规则尤其要引起重视。

➢ 提出了更为系统化的保障公平运营的流程、方法和行动

ISO 26000 就反腐败、负责任的政治参与、公平竞争、在价值链中促进社会

---

❶ 《2010 年中国知识产权保护状况》。

责任、尊重产权等问题进行了阐述和指导，为企业从社会责任角度开展公平运营实践提供了重要参考；倡导企业开展尽责审查，建立有助于公平运营的更为系统化的制度和流程。

➢ **企业在公平运营实践方面的管理范围和难度都有所增大**

从企业自身延伸到产业链上下游，从国内市场扩展到国际市场，ISO 26000扩大了企业运营管理的范围。对于市场经济发展历史不长的中国企业来说，如何在借鉴国外先进跨国企业优秀运营实践的基础上，形成更适合自身企业发展的责任管理模式，并付诸到各项行动中，无法一蹴而就。

➢ **中国企业参与国际竞争的时间不长，处于国际产业价值链中下游的出口企业面临冲击**

长期以来，中国强劲的经济发展势头，良好的投资环境，潜力巨大的消费市场，低价格、高素质的劳动力，这诸多的诱人条件吸引了大量的外资进入中国投资建厂。但在全球制造业产业链上来看，中国企业大多处于中低端。ISO 26000通过供应链渠道直接影响企业生产和销售环节，我国将因对外贸依存度高和大量企业国际化加速而遭受冲击。在供应链上将企业社会责任无限向上溯及这一规定，这可能将整个中国出口产业链置于极为不利的国际竞争地位。

ISO 26000对不遵守社会责任的合作方进入产品供应链提出限制。这意味着我国企业从生产、销售到管理环节，必须完全服从其后很可能出现的认证中的有关劳工权益、环境保护、节能、减排、透明度、道德等方面的硬性要求。从投资方面看，ISO 26000的出台和实施，将可能提高我国企业的生产、经营成本，对于看重我国廉价劳动力的外资企业来说，我国的投资吸引力可能将会下降。

6.3 中国企业在公平运营实践主题上面临的机遇

6.3.1 反腐败方面的机遇

➢ **加强自身和供应链廉洁建设，树立良好的企业形象**

不难理解，如果腐败问题频发，客户会对企业的经营管理的正规性发生质疑，使得企业丧失客户的信任。且ISO 26000鼓励与自身运营有关的其他人采取类似的反腐败做法，更易获取客户对企业产业链的信任，赢得市场美誉。例如，三峡集团遵从良好的商业道德规范，守法合规经营，推行责任采购，在采购合同中设置廉洁条款，与供应商、承包商签订廉洁协议。防范腐败的努力和成效赢得透明国际❶的认可，有利于三峡集团在海外市场树立负责任透明企业形象，进一步推动其国际化战略的实施。

➢ **系统化地开展反腐工作，提高防范风险的能力**

ISO 26000给出了一系列的指导，同时将全球契约原则、《OECD反腐败公约》、《OECD内控、道德与合规良好行为指引》及《OECD跨国公司行为准则》等作为自愿性社会责任倡议和工具示例列为附录，有助于企业按照国际规范和最佳实践开展行动，有利于中国企业提高适应反腐败方面更高要求和标准的新的国内外法律法规的能力，从而提高防范风险的能力。

6.3.2 负责任的政治参与方面的机遇

随着中国全球化进程的越来越深入，将有越来越多的企业走出去，这是全球资源进行优化配置的必然。中国企业合理合法地采取负责任的政治参与，有利于获得当地政府和社会的认同和支持，营造良好的运营环境。

联想集团：专业说客拯救了联想❷

越来越多“走出去”的中国公司发现，除了华尔街，他们还必须与K街（“游说之街”）打交道。联想集团创造了一个新纪录：有史以来第一次，一家中国公司在美全职雇佣了一名“专职说客”（In-house lobbyist）！

联想集团通过积极地接触国会议员和政府官员，在他们那里建立认知度，即让他们知道，“我们是谁，在这里有着大量投资”。成功的游说行动帮助联想集团在美顺利发展。

2005年，联想集团收购全美乃至全球最大IT公司IBM的PC业务部门的收购案经历了美国外国投资委员会（CFIUS）——专责审查外国在美投资是否影响国家安全或经济安全问题的审批程序。在做出一系列特殊安排后，联想集团平息了美方对于“安全”问题的担忧，交易于2005年2月获批。说客行动成功。

---

❶ 透明国际（Transparency International）即“国际透明组织”，简称TI，是一个非政府、非盈利、国际性的民间组织。1993年成立，总部设在德国柏林，以推动全球反腐败运动为己任，今天已成为对腐败问题研究得最权威、最全面和最准确的国际性非政府组织。目前，已在90多个国家成立了分会。

❷ 游说：如何摆平美国政府，http：//biz. 163. com。

6.3.3 公平竞争方面的机遇

➢ **依靠遵守国际规则“走出去”，推动国际竞争力提升**

对公平竞争的国际统一认可，有助于中国企业在统一的国际市场规则下，开展经营行为，融入全球经济和进入别国市场。在统一开放公平竞争的市场环境中，要想赢得市场份额，关键还是要通过深化改革和制度创新来增强竞争力。

6.3.4 在价值链中促进社会责任方面的机遇

➢ **降低企业运营风险，提升价值链竞争力**

市场中的每一个企业都存在于其产品生产和流通过程中所涉及到的原材料供应商、生产商、分销商、零售商以及最终消费者等成员通过与上游、下游成员的连接组成的网络结构中。正因为如此，由核心企业辐射开来所形成的供应链网络越来越成为影响企业生存和发展的重要因素。

价值链的责任管理在某种程度上是对资源的更为有效的配置。通过价值链的管理可以有效协调各利益相关方的关系，从而实现效用最大化。由此给企业带来更多的稀缺资源和良好的生存环境（包括政府、顾客信任和忠诚、企业间信任、社会声誉等）。

华为公司：系统化的供应链 CSR 管理[1]

供应商出现问题对涉及的业务可能有多重的影响，如生产的损失和损害品牌形象等。作为公司价值链的一个有机组成部分，供应商的风险就是企业的风险，也是客户的风险。华为公司相信供应链的强度取决于其中最薄弱的一环，将 CSR 要求延伸到整个供应链成员，要求供应商与企业一起，履行社会责任。华为公司重点关注供应商在道德、环境、健康与安全以及劳工标准等方面的表现，将 CSR 标准纳入采购全流程和供应商生命周期管理，致力于实现供应链的持续发展，树立华为供应链社会责任品牌和全球客户信心，通过行业合作，运用创新思维，解决 CSR 问题。

华为公司成立了采购 CSR 委员会，由首席采购官担任主席，成员为主要采购主管和 CSR 专家。该委员会定期评审供应商 CSR 管理的策略、原则、标准、流程、方案和绩效，并贯穿采购全流程和供应商生命周期。供应商 CSR 管理部

[1] 华为公司网站，http：//www.huawei.com.cn。

负责制订和优化管理流程和标准，统筹全球供应商 CSR 管理。华为公司还成立了跨部门的供应商 CSR 工作组，由 CSR 首席专家负责，将 CSR 管理纳入到主要采购职能和日常运作中，从供应商认证和选择，供应商日常管理，供应商绩效考核，一直到供应商退出机制，确保供应商遵守 CSR 要求并持续改善。

产品环保是华为公司供应商 CSR 管理的重要组成部分。2011 年，继续推行“华为绿色伙伴认证”计划（HWGP）。该认证标准涵盖了产品环保领域的主要法规、指令、标准与要求，确保产品及其零部件不含有法律法规或客户限制的化学物质。2011 年，27 家供应商通过了华为公司绿色伙伴认证。该认证计划鼓励供应商采取创新的方式开展节能减排，构建绿色供应链。

联想集团：与合作伙伴共同启动移动互联战略

联想集团建立了规范、详细的采购原则、制度、流程和供应商申诉机制，确保实现透明、公平的采购。作为电子行业行为规范电子行业公民联盟（EICC）管理委员会成员，联想集团制定了与 EICC 在劳工、环保、健康安全、道德和管理系统等方面要求一致的采购政策和流程，并要求供应商建立 EICC 标准操作规范，按照 EICC 供应商参与模型，帮助供应商制定战略和运作模式，加强内部管理，定期进行项目总结、分享和推广。联想公司在采购部门设立了全球专职采购专员及热线，收集和处理违反联想集团采购原则的行为，并在企业的合规体系和员工行为守则中做出了更为全面的规定，如联想集团员工及其家庭成员不得向供应商和准供应商索取酬金或接受其给予的酬金，员工只可接受 25 美元或以下的礼物。联想集团积极推动供应商共同维护道德和公正的原则，建立了申诉办公室。供应商可以通过申诉办公室解决无法通过一般商业渠道解决的采购相关问题。

6.3.5 尊重产权方面的机遇

➢ **促进企业创新**

世界知识产权组织《2011 年世界知识产权组织年度报告》指出，全球专利申请数量日益增加，与 20 世纪 80 年代相比增长 6 倍多。创新的结果能够得到认可，进而创造价值，也使更多人愿意投身于创新。知识产权已经成为全球企业创新的核心力量。

首先，知识产权能够使企业现有的业务在有利的环境下持续发展，合法独占与业务相关的核心技术，通过不懈的技术改良来保持市场有利地位；其次，知识产权能够促进企业新业务的培育及产业化，有助于提高研发的成功率，规避发展新业务时的知识产权风险，营造良好业务环境。除此之外，企业还可通过知识产权获得直接收益，包括对外许可非核心专利，出售未产业化的专利，利用知识产权筹集资金等。

中铝国际：以知识产权促创新

中铝国际从战略高度制定和规划知识产权发展，通过知识产权创造、保护、运用和管理，在培育知识产权文化的基础上，通过自主创新、成果产权化，确立了市场竞争优势，推动主营产业不断升级。中铝国际5年累计完成国际国内专利申请数2439件，获得授权专利1225件。有50多项技术分别在印度、伊朗、越南等国家申请专利，为开发海外市场提供了有力支持。

中铝国际靠的正是科技研发、自主创新和专利战略，紧紧依托中国铝业公司大平台，从而使中铝国际“走出去”的步伐坚实而充满自信。

无限极（中国）：重视知识产权管理，力促行业健康发展

无限极秉承“思利及人”的核心价值观，重视知识产权管理，坚持公平运营。一方面，尊重他人，保护IT类知识产权。无限极设定清晰的软件管理制度，明确知识产权的获得及使用，定期核查知识产权的使用状况。安装或使用任何非正式渠道获得的软件前，必须经直属经理评估，部门负责人书面批准后向资讯科技部报备或申请，由资讯科技部评估其风险程度。另一方面，保护自身，建立研发知识产权管理机制。无限极重视人才的培养，在人才的引进、培养、激励方面均有一套完备的制度，对在创新和知识产权保护工作中作出贡献的均有奖励，充分调动了研发人员、专利管理人员的积极性和创造性。加强对研发技术人员的专利培训，通过定期或不定期开展不同层次的专利培训工作，提高其知识产权保护的意识，将知识产权知识的普及和知识产权保护融入研发、生产、市场各项工作中。

2008~2011年间，无限极共开展了60多项中草药健康产品的相关研究。其中，获国家、广东省、江门市和新会区科技计划立项共13项，自主立项40多项，转化新产品30余款。其中，获得保健食品批文13个，功能性化妆品国产特殊用途化妆品7项；共有21款产品被认定为“广东省高新技术产品”。申请发明专利30件（其中美国专利1件），已授权13件，申请实用新型专利12件，已授权9件，外观设计专利授权3项；积极参与国家标准及行业标准的制订，正在制定国家标准12项，行业标准3项。在公平运营方面的努力为无限极塑造了良好的品牌效应和企业形象，2011年，“无限极”品牌再获世界品牌实验室“中国500最具价值品牌”荣誉。

6.3.6 小结

➢ ISO 26000 要求企业通过遵守道德的行为开展经营活动

ISO 26000 要求企业通过遵守道德的行为开展经营活动，商业贿赂、腐败以及违反知识产权等，可被视为中国企业需要识别和积极应对的主要风险。在这些方面具有良好实践行为的中国企业不容置疑也将在国际市场竞争中获取竞争优势。对国际市场通用商业语言的掌握，有助于中国企业在融入经济全球化中，更好地实现与国际接轨。

ISO 26000 在公平运营实践中的诸多提法，如在价值链中促进社会责任、尊重产权等，代表了国际社会对市场中的企业行为的一致认可和期望。中国企业增进对ISO 26000的理解，掌握不同政治、文化背景下的公平运营问题的正确解读和规范行动，有助于在经济全球化的不断深化中，更好地实现与国际接轨。

➢ 借鉴国际先进的企业管理方式和实践，提升企业运营规范性

基于全球社会责任理念和实践经验总结的 ISO 26000 为企业公平运营实践提供了一系列的参考和指导。对这些原则、理念、方式和行动的遵从，有利于中国企业规范运营，降低市场风险。

➢ 有助于中国企业转型发展，提升国际市场竞争力

作为“世界加工厂”，目前我国在对外贸易中出口的产品主要还是一些高污染、高耗能、低附加值的劳动密集型产品，外向型企业的发展方式也是以粗放型为主。这种情况使我国在经济发展过程中不仅资源消耗严重而且生态环境也遭到严重破坏。ISO 26000 为中国企业转型发展提出了方向和路径，引导企业将反腐败、供应链和知识产权等以往企业很少关注的议题纳入现代企业管理中，有助于中国企业在全球范围内更为有效地参与资源配置，参与和整合国际制造业产业链上高附加值的两端环节（研发、设计和物流、营销等环节）、高技术产业，更为主动地融入全球经济，把握在新一轮全球化中的主动权，抓住国际经济结构调整的先机，全面提升中国企业的国际竞争力。

6.4 中国企业应对公平运营实践主题的对策措施

6.4.1 理解和掌握不同地域、政治、文化背景下公平运营实践的内涵

企业理解公平运营实践包含三个层面，一是形成对公平运营概念的正确认识，尤其注意在不同地域、政治、文化背景下的内容差异；二是确定 ISO 26000 中公平运营实践方面的“期望和行动”对企业的相关性和重要性，辨识其对企业的价值和影响；三是明确企业需要处理问题的优先顺序。

6.4.2 在企业运营过程中融入尽责审查

尽责审查，可以避免和减轻企业经营过程中对社会、环境和经济的实际和潜在的消极影响，既是企业处理社会责任问题的一种有用方法，也是保障企业公平运营实践的有效手段。第一，对与公平营运实践有关的企业政策进行审查，确定是否已制定和实施这些政策，以及这些政策的合理性和可能的影响；第二，对现有和拟开展的公平运营活动如何影响企业政策目标的评估方式进行审查；第三，对将公平运营责任融入整个企业的方法进行审查；第四，对跟踪实时绩效的方法进行审查；第五，对企业处理其决策和活动所产生的消极影响的适当行动进行审查。并保证企业对于公平运营的责任认识和实践应该是一个不断改进、持续提升的过程。

6.4.3 在国际市场中积极开展公平运营实践

中国加入世贸组织已逾十年，经济全球化不断深入，世界格局发生了深刻变化。托马斯·弗里德曼撰写的《世界是扁平的》一书认为，地球是圆的，但全球化把整个世界“铲平”了。在“平”的世界里，市场环境和竞争规则发生了新变化，而 ISO 26000 为企业提供了重要的竞争准则和指导。具体而言，海外运营的中国企业应该注重：

反腐败方面。遵守国际行为规范和当地法律法规是底线，中国企业应依据 ISO 26000 普遍原则和方法，学习和了解运营所在地的法律法规，遵纪守法。

负责任的政治参与方面。增进与当地政府的沟通，并保持透明度，同时推动当地公共政策进程，并注意把握政治参与的“度”。

公平竞争方面。首先，以遵守有关竞争的法律法规的方式开展活动，并与当地相应的当局合作。其次，注意项目所在地的社会环境，不利用诸如贫困等社会条件获得不公平的竞争优势。

在价值链中促进社会责任方面。国际化更重要的是价值链的竞争，尤其是国际社会和跨国公司对供应链的关注，使得中国企业应该更为注重对价值链的责任管理。

尊重产权方面。全球化经济是知识经济，在这个时代里，竞争的重点领域由生产转向技术创新。“走出去”企业应该注重知识产权的全方位管理，包括知识产权创造、运用和保护。中国企业应当更多地重视知识产权，把运营知识产权的战略融入企业自身发展的总体战略当中，这样才能真正地走出去。

7 ISO 26000 对中国企业在消费者问题方面的影响及对策

7.1 社会责任核心主题之消费者问题综述

7.1.1 定义和范畴

消费者问题在 ISO 26000 社会责任国际标准中是指企业在向消费者及其他顾客提供产品和服务时，对他们负有责任。这里主要适用于出于私人目的而购买的人士（消费者）的问题。

消费者问题主题包含 7 个社会责任议题，包括公平营销、真实公正的信息和公平的合同实践，保护消费者健康与安全，可持续消费，消费者服务、支持及投诉和争议处理，消费者信息保护与隐私，基本服务获取，教育和意识。

7.1.2 原则和考虑

消费者问题主题指南提出了 7 个方面的原则和一个方面的考虑。7 个原则包括：一是坚持满足消费者基本需求的原则，确保人人享有相当的生活水准以及享有生活条件持续改进和获得包括财务方面的基本产品和服务的权利；二是坚持满足消费者对包容性发展需求的原则，即企业应积极促进消费者所享有的公正、公平和可持续的经济、社会发展及环境保护权利的实现；三是坚持全面考虑并努力实现消费者的七项正当要求的原则，包括安全、知情权、选择权、倾听权、补偿权、教育和健康环境的要求；四是坚持尊重消费者隐私权的原则，消费者的隐私、家庭、住所、通信不受任意干预，消费者名誉和名声不受攻击；五是坚持预防性措施原则，在企业开展决策和活动时，当这些活动对人类健康和环境造成严重或不可逆转的威胁时，企业应当采取符合长期成本效益的且能防止环境退化和人类健康损害的措施；六是坚持促进性别平等和赋予妇女权利的原则，企业在提供产品和服务过程中，应防止固化性别偏见和歧视，包括注意坚持性别平等和保护妇女权益；七是坚持促进通用设计的原则，是指企业的产品和使用环境设计应尽可能地适用所有的消费者。一个考虑是指源于弱势群体各方面的特殊性，企业应注意考虑满足弱势群体的特殊需求。

7.2 中国企业在消费者主题上面临的挑战

7.2.1 公平营销、真实公正的信息和公平的合同实践方面的挑战

➢ **理念上，提供产品和服务的信息需要由被动向主动转变（企业还没有形成，出于对消费者负责，披露信息广度和深度提出了更高要求）**

公平营销、真实公正的信息和公平的合同实践旨在为消费者提供可以理解的有关产品和服务的信息，为消费者的购买决策提供参考。企业不仅要提供法律法规强制性要求的有关产品和服务的关键信息和基本事实，如公开披露产品的质量等级、主要成分、性能、保质期、出厂日期、总价、税款、运输成本等信息，还要主动提供有关产品和服务的更多信息，包括消费者所期望披露的信息等，如考虑到产品和服务整个生命周期的所有重要方面信息，即企业不能再停留在以往只是从法律要求的角度提供需要公开信息的角色，而是要主动披露消费者所广泛关注和期望获得的更多重要信息。企业不仅要从自身角度出发披露信息，还要从消费者的角度出发披露信息。企业应充分考虑到不同消费者个人特点和能力的不同而给予特殊的照顾。例如，消费者往往会因性别、年龄、宗教、种族、残疾等的不同而影响对产品和服务信息的理解，尤其是弱势群体更需要特别的考虑。另外，企业不仅要披露产品和服务的一般属性信息，还要披露可持续发展方面的信息，包括提供产品和服务整个生命周期和价值链的社会、经济和环境影响方面的信息等。

➢ **方法上，系统化的信息披露管理、制度、流程的变革（管理中流程，对信息进行选择，合适的披露，并没有相关的制度和流程，对产品服务信息进行有效的选择判断）**

公平营销、真实公正的信息和公平的合同实践提出了企业在与消费者沟通时应当回应消费者要求的行动和期望，向消费者披露可以保障购买决策参考的信息，这就要求中国企业开展信息披露管理、制度、流程的变革，建立系统化的信息披露管理、制度和流程，包括确保主动披露更多的产品和服务信息的审查程序，从消费者角度出发披露信息而深入开展的消费者沟通、调查活动等，可以帮助消费者对不同产品和服务特点进行比较的方法。例如，企业为充分照顾到妇女、儿童、老人等弱势群体的最佳利益，需要建立有明确的相关制度架构，以指导企业可以采取各种行动确保向以上消费者提供可以理解的更加详细的产品和服务的详细说明等。

➢ 行动上，向消费者提供的产品和服务信息被要求扩展到整个生命周期和价值链的社会、经济和环境影响方面

公平营销、真实公正的信息和公平的合同实践要求企业提供产品和服务整个生命周期和价值链的社会、经济和环境影响方面的完整信息。例如，对诸如潜在的使用危险、产品生命周期内含有或释放的有毒材料和有毒化学物质的卫生与安全信息都应用正式或常用的语言提供完整、准确、便于理解的信息。这就要求中国企业不仅要提供产品和服务质量方面的信息，还要提供其他有关产品和服务的所有重要方面的信息；不仅要提供企业自身的社会、经济和环境方面的信息，还要提供包括与企业相关的整个上下游价值链的社会、经济和环境影响方面的信息等。

➢ 行动上，为消费者提供可以对不同产品和服务特点作出比较的信息

公平营销、真实公正的信息和公平的合同实践要求企业可以确保消费者在知情的情况下做出消费和购买决策，并对不同产品和服务的特点作出比较。例如，采用标准化的实验程序，并在可能时通过与平均性能和最佳实践的比照，来确定产品或服务的关键质量信息。这就要求中国企业在向消费者提供产品和服务过程中向消费者披露与其他产品和服务不同特点的相应信息，以确保消费者可以对不同的产品和服务进行比较。

7.2.2 保护消费者健康与安全方面的挑战

➢ 理念上，保护消费者健康与安全意识的缺位

保护消费者健康与安全是指企业应向消费者提供安全和在使用和消费时不会出现无法接受的伤害风险的产品和服务。企业在引入新材料、新技术或新的生产方法前，在适当时，企业应对产品和服务进行人身健康和安全的风险评估。目前，中国企业对生产过程的安全问题已引起足够的重视，然而对产品和服务本身的健康和安全风险问题却并未引起同等的重视。鉴于难以预见或消除所有的风险，企业需要有建立产品撤回和召回机制的意识，而且不仅仅满足于最低安全要求，还要尽可能地预防所可能发生的全部风险。

➢ 方法上，保护消费者健康与安全手段的不足

保护消费者健康与安全实践提出，为最大程度地降低产品和服务的健康和安全风险，企业在提供产品和服务之前应当开展健康和安全的风险评估。为避免各种难以预知的风险，企业应建立产品撤回和召回机制。另外，还应在最大限度地降低产品和服务的健康和安全风险时，尽可能使用国际公认的符号向消费者传递重要的安全信息。就后者而言，目前越来越多的中国企业都在实施“走出去”战略，与国际接轨成为了一种必然要求，但中国企业“走出去”总体上还处于初级阶段，原因在于企业对国际市场还缺乏深入的认知和全面的把握，对于国际惯例、通行规则还不够熟悉。[1] 中国企业客观上被要求更多地遵循国际通行惯例，在提供安全信息时要更多地采用国际公认和通用的符号。否则，就难以被世界其他各地市场的消费者所接受。

➢ **行动上，向消费者公开安全风险评估文件**

保护消费者健康与安全实践要求企业在引入新材料、新技术或新的生产方法前对所提供的产品和服务开展评估，并在适当时向消费者公开评估文件。在我国，以转基因食品为例，尽管玉米、大豆等转基因食品已大量出现，但是转基因食品的长期安全性仍没有定论，即中国企业关于转基因食品的健康和安全风险评估仍不充分，还有许多工作要做。[2]

➢ **行动上，产品撤回和召回机制建设滞后**

保护消费者健康与安全实践提出了企业在保护消费者健康和安全方面应建立产品撤回和召回机制的行动和期望，即产品上市后，如出现始料未及的危害，或者存在严重缺陷，或者包含有误导或错误的信息，企业应中止提供服务和撤回产品。在产品撤回时，企业要对消费者所蒙受的损失提供补偿。近些年来，随着汽车、食品、药品、儿童玩具等召回管理规定的发布，越来越多的中国企业开始认识到建立健全产品召回制度的必要性。例如，三鹿奶粉事件直接导致了一个品牌企业的破产，但是若事前建立起完善的产品召回制度，也许是可以避免悲剧的进一步发生的。[3] 总之，由于中国的产品召回制度在一定程度上还存在法律缺位问题，多数中国企业还没能建立起较为完善的产品召回制度，甚至是知名的跨国公司在产品召回方面仍坚持“中国市场例外”原则。[4]

7.2.3 可持续消费方面的挑战

➢ **理念上，可持续消费观念的薄弱**

可持续消费要求企业所提供的产品和服务符合可持续发展要求，企业要有优

---

[1] 中国企业走出去要遵循国际惯例，http：//finance. stockstar. com。

[2] 转基因食品长期安全性存争议　专家吁明确标注，http：//www. chinanews. com。

[3] 关于缺陷产品召回制度的几个法律问题，http：//www. dffy. com。

[4] 产品召回，http：//baike. baidu. com。

先供应有利于可持续发展产品和服务的意识，时刻注意所提供产品和服务在整个生命周期中都应当对社会、环境有积极影响。

可持续消费实践提出，可持续消费包括对动物福利的广泛关注。动物福利是指动物（尤其是受人类控制的）不应受到不必要的痛苦，即使是供人用作食物、工作工具、友伴或研究需要。然而，长期以来，动物福利观念对多数中国人而言还较为陌生，反虐待动物并不能引起所有人的重视，在法律上专项立法尚未出台，中国企业缺少关注动物福利问题的紧迫性和压力。

➢ **方法上，推动可持续消费技术手段的缺乏**

为有利于可持续发展，企业要优先提供符合可持续发展要求的产品和服务，但客观而言中国企业在开发有利于可持续发展的产品和服务方面面临诸多的技术手段限制。

可持续消费实践提出，产品和资源的消费速度应符合可持续发展要求。企业对动物福利的关注是可持续消费的重要内容，要求企业应尊重动物的身体完整和避免残酷对待动物。然而，这要求中国企业要有保护动物福利的一系列工艺、流程、制度、机制等。尽管从 2007 年开始，“中国人道屠宰计划”已经启动，从 2008 年开始，全国范围内开始人道屠宰培训。但是，保护动物福利的技术并未得到全面的普及和推广。[1]

➢ **行动上，提供符合动物福利要求的产品和服务**

目前，世界上 100 多个国家已有了动物福利立法，肯德基、麦当劳等一些著名的品牌企业都把动物福利列入对肉食品质量评估的内容。尽管忽视动物福利的行为还未被中国现行法律所禁止，但是因为人类总是要向文明进步的，反虐待动物立法是国际动物保护立法的趋势，中国企业的虐待动物行为也将对其经营行为造成严重影响。例如，中国出口到欧洲国家的肉类制品多次遭到抵制，一个重要的原因就是动物福利标准太低的缘故。[2] 归真堂活熊取胆的做法就因存在无视动物福利、不人道对待活熊而引起了动物保护人士的强烈责难，其股票上市受阻。[3]

➢ **行动上，向消费者提供产品和服务在生产和交付过程中的经济、社会和环境方面信息的困难**

可持续消费实践提出，企业及其供应链应向消费者提供产品和服务在生产和

---

[1] 殷格非．企业社会责任的源头[J]．WTO 经济导刊，2008，1。

[2] 关注 GAP 动物福利条款 提高畜禽产品质量，http：//www.cnrzqy.cn。

[3] 归真堂事件：法律与人道别混为一谈，http：//news.xinhuanet.com。

交付过程中有关环境和社会方面的信息，甚至包括资源利用效率等，而且这些信息应当在科学上是可靠、一致、真实、准确、可比较和可证实的。随着公众对企业社会责任期待的增加，中国企业已逐步认识到自身所承担的社会、环境责任，但是由于受发展阶段和成本的限制，多数企业仍停留在质量管理阶段，准确向消费者提供生产和交付过程中的经济、社会和环境信息客观上面临着诸多实际困难。但是，在当今日益关注责任的时代，这将成为消费者对企业的一种新的期望并成为现实要求。

➢ 行动上，被要求提供符合可持续发展的产品和服务的压力越来越大

可持续消费实践提出，企业为消费者提供在整个生命周期中都有利于社会和环境的产品和服务是促进可持续消费的重要行动，企业在可持续消费中的作用很大程度上体现为向消费者贡献符合可持续发展要求的产品和服务。中国企业已经日益认识到可持续发展的重要性，社会也越来越希望企业能够提供符合社会、环境考虑的、符合可持续发展的产品和服务，然而开发符合可持续发展的产品和服务客观上受着技术、成本及消费者承受能力等诸多因素的影响。

7.2.4 消费者服务、支持及投诉和争议处理方面的挑战

➢ 理念上，关注零部件的未来供应和提供超过法定担保期限担保意识的长期被忽略

消费者服务、支持及投诉和争议处理实践提出，企业应当从长远考虑消费者可以便捷地了解到零部件未来的供应情况，这是企业对消费者应当承担的重要责任。企业在适当时，还应树立提供超过法定担保期限而与产品预期生命周期相匹配的担保意识。目前，中国企业可以从长远关注未来零部件供应的意识还几乎不存在。在担保方面，普遍不超出国家法定担保期限。

➢ 方法上，消费者服务、支持及投诉和争议处理机制的不完善

消费者服务、支持及投诉和争议处理要求在企业售出或提供产品和服务之后要有确保消费者需求的具体机制。企业应当提供合理的维护和修理服务，以及容易到达的服务场所，并可使消费者便捷地了解到零部件的未来供应情况，这就要求中国企业提供确保产品的零部件可以在未来供应的相应流程安排，提供可获得的渠道。

➢ 行动上，更加长远地关注零部件的未来供应情况

目前，中国企业已经日益重视产品和服务的售后服务工作，如大量售后服务

站的建立和完善。然而中国企业中能够做到非常长远地考虑到产品零部件的未来供应情况的企业还较少见，这就要求中国企业在提供产品前提前为产品的零部件在未来的供应情况做好相应的谋划和安排。

➢ **行动上，被要求提供超过法定担保期限担保的新内容**

消费者服务、支持及投诉和争议处理实践提出，企业为更好地处理好消费者服务、支持及投诉和争议，在适当时，提供的担保应超过法定担保期限，实现与产品生命周期的匹配。中国企业对产品和服务的担保通常以法定期限为限，随着产品法定担保期限的超出，相应的责任也随之被免除，对多数企业而言提供超出法定期限的担保将是一种更高层次的要求和期望。

7.2.5 消费者信息保护与隐私方面的挑战

➢ **理念上，消费者信息保护与隐私意识淡薄**

消费者信息保护与隐私实践提出，企业要防止对消费者个人信息的收集和处理侵犯消费者的隐私权，包括要限制个人信息的收集范围，企业仅收集提供产品和服务的必需信息，或是消费者在知情的情况下自愿同意提供的信息。这就意味着对于企业而言，消费者提供的信息越多则意味着企业所承担的责任就越大。同时，对消费者信息的使用应以满足提供服务的目的为限，而不应当用于未经消费者同意的营销和其他指定用途以外的目的，对于泄露、滥用消费者信息的行为是要负责任的。从以上内容看，当前，中国多数企业的消费者信息保护与隐私意识还较为淡薄，迫切有待进一步提升。

➢ **方法上，对建立消费者信息与隐私管理体系要求的增加**

消费者信息保护与隐私实践提出，企业为防止对个人信息的收集和处理侵犯隐私权，从组织建立、人员配置、调查程序建立等方面对消费者信息使用和隐私保护提出了一系列要求。例如，披露企业内部信息保护专责人员的身份和常驻地点等。中国企业已开始认识到了保护消费者隐私和信息安全的重要性，但是针对于此的内部信息管理制度体系还普遍不够完善，一是缺少针对消费者信息保护与隐私的调查、评估程序；二是较少设立专责的消费者信息保护与隐私岗位。例如，在中国企业当中负责企业内部信息保护的专责岗位是鲜有设立的。中国建设银行作为金融企业在2010年的社会责任报告中因基本未披露保护消费者（客户）数据及隐私信息的情况而成为了信息披露风险被揭示出来。[1]

---

[1] 建设银行：基本未披露保护消费者隐私信息情况，http：//biz. cn. yahoo. com。

➢ **行动上，消费者信息保护与隐私行动的不力**

消费者信息保护与隐私要求企业要注意通过限制所收集信息的类型及信息获取、使用和保护的方式来保护消费者的隐私权。然而，随着电子通信、基因检测以及大型数据库的发展，消费者隐私遭到泄露的风险大大增加。这要求中国企业必须为此采取切实有力的行动，以确保消费者的信息只是用于指定的用途，除非消费者自愿或法律有要求。

7.2.6 基本服务获取方面的挑战

➢ **理念上，提供基本服务的意识有待进一步加强**

基本服务获取实践提出，企业承担有对消费者提供基本服务的责任。中国企业应进一步加强向消费者提供基本服务的意识，始终将提供基本服务作为企业的一项重要社会责任，包括企业在未给消费者或消费者团体提供机会使其在合理期限内付费的情况下，不得因为未付费而中断提供基本服务，不应当采取中断集体服务的方式惩罚消费者，而不考虑具体的消费者已经付费的情况。例如，电、气、水、污水处理、排水、下水道、通信设施等基本服务。我国《电力法》第29条规定，“供电企业在发电、供电系统正常的情况下，应当连续向用户供电，不得中断。因供电设施检修、依法限电或者用户违法用电等原因，需要中断供电时，供电企业应当按照国家有关规定事先通知用户。”然而，中国企业在基本服务的认识方面还不够深刻，时常还会有中断基本服务的现象存在，这给广大消费者带来了诸多不便。

➢ **方法上，保障基本服务提供体系的不完善**

基本服务获取实践提出，企业能够为确保满足消费者享有基本需求的权利做出贡献。然而，提供基本服务的企业需要有保障提供基本服务的一整套完善的体系，包括针对基本服务提供方面的一系列制度、机制、程序、技术等。例如，为防止中断基本服务的供应，企业应注意维护和更新服务系统。以上要求中国企业不仅要牢牢树立提供基本服务的意识，还要积极探索和建立系统完善的方法，以确保基本服务的有效提供。

➢ **行动上，提供同等质量的基本服务已经日益成为社会要求**

基本服务获取实践提出，企业在提供基本服务时，应扩大基本服务的覆盖面，努力提供相同质量和水平的服务，确保不歧视任何消费者群体。由于承担提供基本服务的中国企业大多属于国有垄断性企业，提供基本服务是国有企业的政治责任。以电力基本服务为例，在全国范围内已基本实现了供电区域范围的“户户通电”，然而确保城市与农村之间的同等质量服务还面临着多方面困难，但是企业提供同等质量的基本服务已经日益成为了社会要求。

7.2.7 教育和意识方面的挑战

➢ 理念上，消费者教育和意识的缺失

教育和意识实践提出，有关消费者教育和意识的倡议能够使消费者得到充分的信息，从而认识到自己的权利和责任，这样就更有可能发挥消费者的积极作用，并促使消费者的购买决策更加理智和更加负责任。另外，消费者教育的目的不仅限于传播知识，而且还在于帮助消费者提高能力，使其能够按照所获得的知识开展行动，这包括提升评估产品和服务的各项具体技能。同时，消费者教育也旨在推动消费者更好地了解自身消费选择对其他人及可持续发展的影响。中国企业在以上方面的意识还不充分，如果消费者在使用产品和服务时受到伤害，企业应当为消费者教育和意识方面的不足而承担必要的责任。

➢ 方法上，消费者教育的途径单一

教育和意识实践提出，消费者教育的目的除了在于传播知识，还在于提高消费者能力，使消费者能够按照所获得的知识开展行动，特别是提升评估产品和服务的具体技能。同时，消费者教育也旨在推动消费者更好地了解自身消费选择对其他人及可持续发展的影响。随着消费经济的发展，经济比较发达的美国、日本等国家的企业都十分重视消费者教育。20 世纪 80 年代以来，中国也逐步开展了消费者教育。然而，我国的消费者教育主要由各级消费者协会承担，内容也主要集中在成人消费者常规教育方面，而企业主动开展消费者教育的情况还较为少见，中国企业在这方面还有很长的一段路要走。❶

➢ 行动上，注重提高弱势城乡消费者的教育和意识成为消费者教育新的重要内容

教育和意识实践提出，教育和意识旨在使消费者获得充分的信息，从而认识到自己的权利和责任，促使购买决策更加理智和消费活动更加负责任，而弱势的城乡消费者更加需要得到教育和提高意识。企业尤其要注重提高弱势城乡消费者的教育和意识，包括低收入消费者和文化水平低的消费者。中国企业在提高弱势城乡消费者的教育和意识方面做得还不够，甚至出现利用低收入消费者和文化水

❶ 开展全民消费教育　全面提高维权能力，http：//www.cca.org.cn。

平低的消费者存在商品知识不足的缺陷大肆进行欺骗行为。的确，无知的消费者绝对当不成真正的上帝，这也是假冒伪劣商品盛行和损害消费者利益的行为屡禁不止的根本原因之一，而弱势城乡消费者的教育和意识应引起企业应有的重视。[1]

7.2.8 小结

综上所述，ISO 26000从理念、方法、行动等多个维度对中国企业在消费者问题方面提出了严峻挑战。

➢ **对消费者权益保护问题缺乏全面而深刻的认识**

ISO 26000对中国企业在消费者问题方面提出了一系列要求，以有效保护消费者权益，而中国企业对此还缺乏全面而深刻的认识。参照ISO 26000的行动和期望，中国企业的消费者责任广泛涉及到了公平营销、真实公正的信息和公平的合同实践，保护消费者健康与安全，可持续消费，消费者服务、支持及投诉和争议处理，消费者信息保护与隐私，基本服务获取，教育和意识7个方面，甚至有些责任已超出了法律法规的基本要求。例如，企业被要求提供超过法定担保周期的担保。另外，有些责任就是全新的责任。例如，企业被要求为消费者提供可以对不同产品和服务特点作出比较的信息。可以说，多数中国企业对以上在消费者权益保护方面所存在的问题还缺乏全面而深刻的认识，亟需加紧补课，不断强化在消费者问题方面的全面责任意识。

➢ **开展消费者权益保护缺乏系统、完善和有效的方法**

中国企业由于在消费者权益保护方面长期缺乏全面而深刻的认识，导致了对开展消费者权益保护缺乏系统、完善和有效的方法。参照ISO 26000的行动和期望，中国企业迫切需要寻找到履行消费者责任的一系列方法和路径，包括建立健全在消费者问题7个方面责任领域的尽责审查程序、执行制度、改进机制等，以审视企业在消费者问题方面的履责现状、提供履责的制度保障和改进履责绩效的方法。例如，企业要主动推动可持续消费方面技术手段的开发、创新，企业要努力建立健全消费者服务、支持及投诉和争议处理机制，企业要寻求建立消费者信息与隐私保护方面的管理体系。可以说，多数中国企业还需要从探索和掌握开展消费者权益保护的系统、完善和有效方法方面来确保消费者责任的履责实效。

---

[1] 消费者教育，http：//wiki. mbalib. com。

➢ **要求实施保护消费者权益的大量行动**

ISO 26000 对中国企业在消费者问题方面一系列要求的回应、落实，取决于保护消费者权益行动的大量开展。参照 ISO 26000 的行动和期望，中国企业在公平营销、真实公正的信息和公平的合同实践方面，要向消费者提供产品和服务在整个生命周期和价值链的社会、经济和环境影响方面的信息，要为消费者提供可以对不同产品和服务特点作出比较的信息；在保护消费者健康与安全方面，要向消费者公开产品和服务的安全风险评估文件，要积极开展产品撤回和召回机制建设；在可持续消费方面，要努力提供符合动物福利要求和可持续发展要求的产品和服务，要向消费者提供产品和服务在生产和交付过程中的经济、社会和环境方面信息；在消费者服务、支持及投诉和争议处理方面，要积极做好零部件在未来的供应，要提供超过法定担保期限、与产品和服务的预期生命周期相匹配的担保；在消费者信息保护与隐私方面，要切实采取保护消费者信息与隐私的有力行动；在基本服务获取方面，要提供同等质量和水平的基本服务；在教育和意识方面，要不断开展针对弱势城乡消费者的教育和意识的行动。可以说，多数中国企业在履行消费者责任时还有待在消费者问题的各个方面开展大量有效行动。

7.3 中国企业在消费者主题上面临的机遇

7.3.1 公平营销、真实公正的信息和公平的合同实践方面的机遇

➢ **从消费者角度主动提供产品和服务的更多信息，可促进购买行为**

消费者对产品信息的了解越多，越有利于作出购买决策。ISO 26000 在公平营销、真实公正的信息和公平的合同实践中指出，企业要从消费者的角度主动提供产品和服务的更多信息，包括通过开展入户调查、访谈等提供涵盖整个价值链和产品、服务完整生命周期的经济、社会、环境影响方面的信息。因此，中国企业如果能够努力做好上述内容，从消费者角度主动提供产品和服务的更多信息，就可以促进消费者购买行为，为企业创造更多的销售收入。

➢ **率先采用标准化的实验程序确定产品和服务的信息，可赢得消费者信赖**

ISO 26000 在公平营销、真实公正的信息和公平的合同实践中指出，企业按照适用的法规，在各个销售点视情况不同，用正式或常用的语言提供完整、准确、便于理解的信息，包括采用标准化的实验程序。对广大中国企业而言，采用标准化的实验程序向消费者提供产品和服务的信息还是一种全新的方法。企业率

先采用标准化的实验程序，通过与平均性能和最佳实践的比照来确定产品和服务的关键信息，使产品和服务信息更加清晰、全面、可比，往往更容易赢取消费者的信赖，从而逐步提高产品和服务的市场占有率，为企业培育可持续性的产品和服务市场带来机会。例如，中铝公司下属西南铝板带有限公司为向消费者提供优质服务，专门向消费者提供了包含化学成分以及性能数据说明的产品合格证书，并取得良好成效。❶

7.3.2 保护消费者健康与安全方面的机遇

➢ 追求不满足于保证最低安全的要求，为运营降低风险

ISO 26000在保护消费者健康与安全实践中指出，企业不应当仅仅满足于最低安全要求，而是追求不满足于保证最低安全的要求，以显著提高健康与安全保护的水平。中国企业已基本能够做到遵循产品和服务的有关法律法规、标准等，但追求超越最低安全的更高要求还未获得应有的重视。我们知道，产品和服务只是达到最低安全要求时，事故仍会发生。那么，如果可以满足降低事故数量或严重程度的更高的安全要求，包括从产品本身的质量和设计寻找突破，企业势必可以预见和消除尽可能多的风险，从而为中国企业避免更多可能的经济损失和法律诉讼等方面的风险。

日立电梯（中国）有限公司：铸造极致安全体验❷

电梯作为一种特种设备，电梯的质量、安装和维护关系着成千上万乘客的生命安全。如何让乘坐电梯既舒适、便捷又成为一种极其安全的体验，是日立人孜孜不倦思考的问题。

日立电梯（中国）有限公司从电梯产品自身的特殊性出发，将安全和品质置于极其重要的位置，制定、执行了从设计到生产再到现场安装整套流程的科学管理方法，并设立专门的部门——品质保证总部全面负责产品质量管理及售后服务质量监控。这些措施包括：一是加强设计、制造、安装、品质控制，从各个环节严格把关电梯的安全和品质；二是建立完善的售后服务网络，为科学地维护产品的优良品质提供切实保障；三是开展公众安全教育，通过安全教育提升用户使用电梯时的安全意识；四是组织紧急救援，将专业优质的服务延伸至对社会公共安全的承诺。

---

❶ 赵秀富．中铝：ISO 26000的导入与实践[J]．WTO经济导刊，北京：2012，4。

❷ 殷格非，于志宏，崔生祥．责任竞争力——企业社会责任最佳实践案例集[M]．北京：中国人民大学出版社，2008。

> 通过以上积极行动，日立电梯（中国）有限公司有效规避了企业运营过程中的风险。不仅如此，日立电梯（中国）有限公司还因此赢得了社会公众的赞誉，树立了良好的品牌形象，扩大了销售收入和市场份额。至2005年年末，电梯安装台量每年递增30%以上，保养台量每年超过40%，“三包”台量年递增30%以上，连续3年销售收入超过10亿元。

➢ 更多地应用国际公认的符号，不断实现与国际接轨

ISO 26000在保护消费者健康与安全实践中指出，为最大程度地降低产品和服务对消费者的健康和安全风险，企业除使用文字信息外，还应当尽可能使用符号向消费者传递重要的安全信息，而最好就是应用国际公认的符号。随着世界经济联系的日益密切，已越来越趋于一体化。此时，对于中国企业而言，尤其是大型企业，市场已不再局限于国内市场而是扩展至全球市场，中国企业提供的产品和服务就应更多地应用国际通用的符号，以实现与国际接轨，助力推动企业“走出去”战略的成功实施。

ISO 26000在保护消费者健康与安全实践中指出，对于企业而言，并不是所有的风险都是可以预见或消除的。因此，产品撤回和召回机制是保护安全方面的一项重要预防性措施。中国企业积极建立健全产品撤回和召回机制可以在产品和服务出现问题时及时采取行动，从而有效减少对消费者安全的进一步危害。拥有产品撤回和召回机制的企业本身就在一定程度上用行动表明了对消费者的负责任态度。因此，中国企业积极建立健全产品撤回和召回机制，可以赢得消费者信任，使消费者安心购买产品和服务，从而有利于产品和服务的营销。

7.3.3 可持续消费方面的机遇

➢ 推动整个价值链向消费者提供产品和服务有关环境与社会方面的信息，尽可能地避免风险

ISO 26000在可持续消费实践中指出，企业在向消费者提供产品和服务的生产和交付过程中有关环境与社会方面的信息，同时确保这些信息在科学的基础上是可靠、一致、真实、准确、可比较、可证实的，甚至包括资源利用效率，并考虑到价值链。中国企业更多的时候是对自身产品和服务的关注，还较少考虑到整个的价值链。企业致力于推动整个价值链向消费者提供产品和服务有关环境与社会方面的信息，而不仅仅满足于关注自身，可以尽可能地减少价值链企业运营的风险，在当今企业间相互联系如此密切的商业环境里，无疑可以帮助企业有效避免自身运营过程中的各种潜在风险，打造可持续的价值链。例如，宝钢集团就将促进合作伙伴在节能环保管理和绩效方面的持续改进纳入到了其绿色管理体系中，而且将其视作企业发展的重要战略之一。[1]

➢ **开发有利于可持续发展的产品和服务，提升品牌影响力**

ISO 26000 在可持续消费实践中指出，企业应优先供应有利于可持续发展的产品和服务，不断减少对环境和社会的消极影响。中国企业接触可持续发展理念的时间还较短，在开发有利于可持续发展的产品和服务领域蕴藏着巨大的空间。事实上，由于环境、资源的压力，可持续发展的理念已得到了社会公众的广泛认同，已深刻影响了人们的生产生活，越来越多的消费者更加青睐于选择有利于降低环境和社会消极影响的产品和服务。在这样的背景下，中国企业积极开发和提供有利于可持续发展的产品和服务，既可以树立追求与环境、社会和谐共生的正面企业形象从而提升品牌影响力，同时也可以实现经营业绩的快速增长。百事（中国）的沙漠种土豆案例，就在原料的获得过程中充分考虑了对环境的可能影响，实现了环境和原料供应的一箭双雕，同时也赢得了消费者尊重。[2]

飞利浦（中国）投资有限公司：节能技术引领创新　社会责任创造价值[3]

能源节约是多年来所有政府、企业和个人所面临的重要挑战之一。作为照明领域的领跑者，面对全球愈发突出的能源危机和环保需求，飞利浦该如何在为消费者提供更多高效、优质的产品的同时，为社会节约做出贡献?

飞利浦（中国）投资有限公司以技术带动创新，认为节能的解决方案应该是简单易用、行之有效的，能够为国家和地方政府、企业和个人带来经济效益。通过不断开发更加符合环保需求的优质产品，从而实现社会资源节约、消费者利益以及企业经济效益三方面的共赢。这些措施包括：一是依托研发优势，创造“绿色旗舰产品”概念；二是开发紧凑型节能荧光灯，成为白炽灯泡的理想替代品；三是成功推出 CosmoPolis 城市道路照明系统，提出了现代城市照明的最佳解决方案；四是研发 LED 发光二极管，指引未来照明的方向。

---

[1] 《宝钢集团 2011 年企业社会责任报告》。

[2] 百事：沙漠种土豆环境原料一箭双雕，http：//www.21food.cn。

[3] 殷格非，于志宏，崔生祥．责任竞争力——企业社会责任最佳实践案例集[M]．北京：中国人民大学出版社，2008。

通过以上积极行动，飞利浦（中国）投资有限公司取得了显著成效，这些蕴含先进技术的节能产品帮助飞利浦在市场上取得了领先的竞争优势，其市场份额始终保持了第一。

7.3.4 消费者服务、支持及投诉和争议处理方面的机遇

➢ **建立包括关注零部件在内的完善的消费者服务、支持及投诉和争议处理的完整系统，不断提高消费者满意度和忠诚度**

ISO 26000 在消费者服务、支持及投诉和争议处理实践中指出，一个消费者服务、支持及投诉和争议处理的完整系统涵盖了从预防、体系建设、原则、审查、过程处理到改进的所有方面。中国企业应当说对消费者服务、支持及投诉和争议处理已并不陌生，然而真正建立起完整的系统，将可以更好地为产品和服务的不足开展补救提供可能，从而也会更有利于改善产品和服务的质量，以优秀的服务品质吸引消费者，不断提高消费者满意度和忠诚度，确保企业可以在激烈的市场环境中获得更多的竞争优势。

7.3.5 消费者信息保护与隐私方面的机遇

➢ **提高消费者信息保护与隐私意识，规避风险**

ISO 26000 在消费者信息保护与隐私实践中指出，企业能够通过建立起严格的获取、使用和保护消费者信息的制度体系，以保持企业的可信度和消费者的信心。相反，企业泄露、滥用消费者信息，就会对企业的运营带来不可避免的风险。由此可见，中国企业通过努力提高消费者信息保护与隐私方面意识，可以预防对消费者信息的不当使用行为，从而避免法律、经济损失等方面的各种可能风险。

➢ **建立起严格的消费者信息保护与隐私的制度体系，增强企业信誉**

ISO 26000 在消费者信息保护与隐私实践中指出，企业应当建立起严格的获取、使用和保护消费者信息的制度体系，以保持企业可信度和消费者信心。随着消费者信息与隐私保护问题的日益突出，中国企业对此已有了较多的关注，而且也开展了相关的行动，但是还显得较为零散。中国企业如果能够建立起严格的消费者信息保护与隐私的制度体系，将会因为对消费者信息和隐私保护的重视而提高企业的信誉，进而助力打造负责任的品牌形象。

日本财产保险（中国）有限公司：深植安全合规意识　用心做好客户信息管理❶

保险业是以客户提供的大量信息为载体运营的金融行业，日常服务工作直接涉及大量客户信息的运用。如何妥善保管、正确使用客户信息，是关系保险业企业的品牌形象和企业稳定、持续发展的重要课题。

日本财产保险（中国）有限公司自始至终将“用心做好客户信息管理”作为日常服务工作的重要内容，制定了严格的管理制度和配套措施，密切关注客户信息的管理与信息泄露事故的防范。这些措施包括：一是细化信息安全相关制度建设，制定《客户信息管理要领》、《信息安全问题应对要领》、《客户端文件存储管理规定》、《信息系统管理规定》等一系列管理制度规定，严格规范和指导日常工作，确保客户信息的正确处理，防范信息泄漏事故的发生；二是反复开展全员合规意识培训，不断提高和巩固员工的合规意识；三是多方式促进日常工作安全合规，如开发提醒小工具、设置合规短消息提示、开展合规课题研究等；四是督促信息安全管理要求的落实，确保信息安全管理要求的落到实处；五是连续开展风险评估工作，让决策层正确认识所面临的风险情况。

通过以上措施的实施，信息安全的重要性已深入日本财产保险（中国）有限公司全员的意识。对于日常工作中可能出现的隐患，员工自发地注意并维护信息安全，有效避免了客户信息的外露，杜绝了信息安全事故给公司造成重大损失，保护了客户利益，为公司能够成为“被客户选择的保险公司”奠定了坚实的基础。

7.3.6 基本服务获取方面的机遇

➢ **努力提供同等质量和水平的服务，降低运营风险**

ISO 26000在基本服务获取实践中指出，企业在提供基本服务的过程中应力求做到提供相同质量和水平的服务，不得歧视任何消费者群体。基本服务往往关系到个人最基本的生存权和发展权，是实现人的全面发展所需要的基本社会条件。❷ 中国政府明确提出了基本公共服务均等化目标，提供同等质量和水平的服务越来越成为对企业的基本要求，无法提供普遍化服务的企业客观上面临着吊销营业资质的运营风险。以供电企业为例，电力普遍服务已成为国家电网公司、南方电网公司的重要社会责任内容，提供同等优质的电力服务是两家公司追求的重

❶ 2010金蜜蜂责任竞争力案例集[J]. WTO经济导刊. 2010。

❷ 基本公共服务，http：//baike. baidu. com。

要目标之一。[1]

➢ **扩大基本服务的覆盖面，帮助提高市场占有率**

ISO 26000 在基本服务获取实践中指出，企业应注重扩大基本服务的覆盖面，向不同的群体提供相同质量和水平的服务。中国企业对基本服务的概念应当说还不算熟悉，未能形成准确的认识，往往认为基本服务是一个回报率较低的项目。事实上，企业坚持扩大基本服务的覆盖面，可以开拓市场空间，获得消费者认可，从更为长远的眼光看，可以帮助企业打造责任品牌和提高市场占有率，最终提升企业的盈利能力和水平。

7.3.7 教育和意识方面的机遇

➢ **加强消费者教育，提高客户忠诚度**

ISO 26000 在教育和意识实践中指出，企业通过开展消费者教育，可以使消费者获得更充分的信息，提高消费者能力，包括提升评估产品和服务的具体技能。同时，了解产品和服务对他人及可持续发展的可能影响。这些行为也表明了企业的负责任态度，对社会负责任的企业是会受到消费者的尊重的。因此，中国企业注重加强消费者教育将有利于提高客户对企业的忠诚度，企业所提供的产品和服务也将获得更加长久的青睐。

➢ **助推企业营销，实现良好的市场业绩**

ISO 26000 在教育和意识实践中指出，企业开展消费者教育的目的不但在于传播知识，而且还在于提高消费者能力，使其能够按照所获得的知识开展消费行动。中国企业从企业营销角度考虑教育和意识问题的还不多见，而通过开展消费者教育可以向消费者灌输正确的消费观念，提高消费者素质，培养理性成熟的消费者。此时，消费者教育和意识就成为了企业营销的良好环境力量，从而助推企业营销，实现消费者利益和企业利益的高度统一。[2]

7.3.8 小结

综上所述，ISO 26000 作为全球智慧的结晶，提出了社会责任最佳实践的行动和期望。在消费者问题实践领域对中国企业造成压力的同时也带来了难得的发展机遇，中国企业通过积极学习 ISO 26000 在消费者问题实践方面的良好实践，

---

[1] 《国家电网公司 2011 社会责任报告》、《中国南方电网公司 2011 企业社会责任报告》。

[2] 消费者教育，http：//wiki. mbalib. com。

将为企业带来多重机遇。

➢ **降低企业在运营中的风险**

中国企业积极参照 ISO 26000 在消费者问题方面的行动和期望履行社会责任，可以帮助企业降低在运营中的风险。这具体包括：在保护消费者健康与安全方面，追求不满足于保证最低安全的要求，为运营降低风险；在可持续消费方面，推动整个价值链向消费者提供产品和服务有关环境和社会方面的信息，尽可能地避免风险；在消费者信息隐私与保护方面，提高企业的消费者信息保护与隐私意识，规避风险；在基本服务获取方面，努力提供同等质量和水平的服务，降低运营风险。

➢ **打造企业责任品牌**

中国企业积极参照 ISO 26000 在消费者问题方面的行动和期望履行社会责任，可以助力企业打造责任品牌。这具体包括：在公平营销、真实公正的信息和公平的合同实践方面，率先采用标准化的实验程序确定产品和服务的信息，赢得消费者信赖；在保护消费者健康与安全方面，积极建立健全产品撤回和召回机制，使消费者可以安心购买；在可持续消费方面，开发有利于可持续发展的产品和服务，提升品牌影响力；在消费者服务、支持及投诉和争议处理方面，建立包括关注零部件在内的消费者服务、支持及投诉和争议处理的完整系统，不断提高消费者满意度和忠诚度；在消费者信息隐私与保护方面，建立起严格的消费者信息与隐私保护的制度体系，增强企业信誉。

➢ **提升企业的持续盈利能力**

中国企业积极参照 ISO 26000 在消费者问题方面的行动和期望履行社会责任，可以帮助企业提升持续盈利能力。这具体包括：在公平营销、真实公正的信息和公平的合同实践方面，从消费者角度主动提供产品和服务的更多信息，促进购买行为；在保护消费者健康与安全方面，更多地应用国际公认的符号，不断实现与国际接轨；在基本服务获取方面，扩大基本服务的覆盖面，帮助提高市场占有率；在教育和意识方面，加强消费者教育，提高客户忠诚度及助推企业营销实现良好的市场业绩等。

7.4　中国企业应对消费者主题的对策措施

7.4.1　树立在消费者问题实践领域的全面社会责任理念

企业作为市场的经营主体，担负着消费者问题的首要责任。ISO 26000 的发布给中国企业带来了严峻的挑战，同时也创造了难得的发展机遇。中国企业要想在消费者问题实践方面较好地应对挑战和充分地把握住机遇，一个重要的前提是务必要树立在消费者问题实践领域的全面社会责任理念，努力增强消费者利益保护意识。因为，只有树立了在消费者问题实践领域的全面社会责任理念，企业才可能开展应对挑战和把握机遇的针对性系统行动部署；将在消费者问题实践领域的社会责任全面融入企业的使命、战略、治理、制度、日常运营等，才可能使企业有效应对 ISO 26000 在消费者问题实践领域所带来的挑战和果断把握住难得的发展机遇。

具体而言，企业在消费者问题实践领域需要树立的全面社会责任理念主要包括：一是提高从消费者角度主动为消费者提供产品和服务信息的意识，企业不仅要从自身角度出发披露信息，还要从消费者的角度出发披露信息，不仅要披露法律法规强制要求披露的信息，还要考虑披露消费者期望和关注的信息；二是加强保护消费者健康与安全意识，企业要有积极开展风险评估的意识，需要有建立产品撤回和召回机制的意识；三是可持续消费的意识，企业既要有关注动物福利问题的意识，还要有优先供应有利于可持续发展产品和服务的意识；四是提高积极做好消费者服务、支持及投诉和争议处理的意识。企业一方面要有关注产品零部件未来供应的意识，另一方面还要有提供超过法定担保期限担保的意识；五是保护消费者信息和隐私的意识，努力确保消费者隐私权；六是提供基本服务的意识，确保不中断基本服务和提供同等质量和水平的基本服务；七是开展消费者教育的意识，不断提高消费者意识和能力。

总之，中国企业要牢固树立在消费者问题实践领域的全面社会责任理念，时刻注意保护消费者利益。

7.4.2 探索在消费者问题实践领域履行社会责任的系统方法

企业树立了在消费者问题实践领域的全面社会责任理念，只是应对挑战和把握机遇的一项基础工作。企业还需要寻找到能够将 ISO 26000 在消费者问题方面的社会责任理念和要求及识别出的社会责任议题融入企业运营实践的可行的系统方法。

具体而言，企业在消费者问题实践领域将社会责任理念融入运营实践的方法主要包括：一是建立系统化的信息披露管理、制度、流程；二是拥有保护消费者健康与安全的手段，如在引入新材料、新技术或新的生产方法前对产品和服务进行人身健康和安全方面的风险评估；三是开发可以推动可持续消费的技术；四是完善消费者服务、支持及投诉和争议处理的机制；五是建立消费者信息与隐私保护管理体系，改进和完善针对消费者信息与隐私保护的调查、评估程序；六是建立健全可以确保基本服务提供的保障体系；七是探索开展消费者教育的更多有效途径。

总之，中国企业在坚持树立消费者问题实践领域的全面社会责任理念的前提下，要积极探索在消费者问题实践领域的履行社会责任的系统方法，建立有确保消费者利益实现的制度、机制、流程设计及可行的技术手段等，为在消费者问题实践领域履行社会责任提供可行的路径保障。

7.4.3 开展在消费者问题实践领域的有效社会责任行动

企业树立了在消费者问题实践领域的全面社会责任理念，并探索到将ISO 26000在消费者问题方面的社会责任融入企业运营的系统方法以后，就需要考虑具体推进社会责任的有效行动。

具体而言，企业在消费者问题实践领域的有效社会责任行动主要包括：一是在公平营销、真实公正的信息和公平的合同实践方面，提供整个生命周期和价值链的社会、经济和环境影响方面的信息，为消费者提供可以对不同产品和服务特点作出比较的信息；二是在保护消费者健康与安全实践方面，推动向消费者公开安全风险评估文件，建立健全产品撤回和召回机制；三是在可持续消费实践方面，提供符合动物福利要求的产品和服务，向消费者提供产品和服务在生产和交付过程中的经济、社会和环境方面的信息；四是在消费者服务、支持及投诉和争议处理实践方面，更加长远地关注零部件的未来供应情况，提供与预期生命周期相匹配的担保内容；五是在消费者信息保护与隐私实践方面，积极开展更有成效的消费者信息与隐私保护的行动；六是在基本服务获取实践方面，努力提供同等质量和水平的基本服务；七是在教育和意识实践方面，积极开展旨在提高消费者意识和能力的消费者教育活动。

总之，中国企业要在运营实践中积极推进上述社会责任行动，也只有努力践行社会责任行动才能最终更好地应对ISO 26000对中国企业在消费者责任方面的挑战并灵敏地把握住机遇。

8 ISO 26000 对中国企业在社区参与和发展方面的影响及对策

8.1 社会责任核心主题之社区参与和发展综述

社区是企业资源的重要来源，是企业的“根据地”，企业只有依靠社区所提供的人力、市场和环境资源才能得到发展。作为可持续发展的重要组成部分，社区参与和发展也是ISO 26000关注的重要内容。

8.1.1 定义和范畴

企业在社区中的社会责任表现为企业对经营所在地的利益相关方所承担的各层次责任，而社区的主要利益相关方包括政府、当地社区、行业组织和其他民间团体等。ISO 26000所述的社区，是指在地理位置上接近企业所在地或企业影响所及区域内的居民点或其他社会定居点。对企业影响所及的地区和社区成员的确定，取决于具体环境，尤其是企业影响的规模和性质。但就总体而言，社区这一术语还可以被理解为具有某些共同特点的群体，例如关注某个特殊问题的“虚拟社区”。

ISO 26000指出，企业对社区发展的贡献有助于促进更高水平的社区福利。对社区发展更加广义的理解，是指居民生活质量的提高。社区发展是一个长期的过程，在这当中难免出现不同的甚至相互冲突的利益。历史和文化特征使得每个社区都是独一无二的，并有可能影响社区的未来发展。因此，社区发展是社会、政治、经济和文化特点相互作用的结果，并取决于牵涉其中的社会力量的具体特征。促进社区福利是社会各界共同的目标，需要共担责任。

8.1.2 原则和考虑

> **四项原则**

ISO 26000在社区参与和发展议题部分，指明了企业对于社区发展的贡献和企业由此获得的利益，明确了除7项社会责任基本原则以外，适用于社区参与和发展的具体原则，主要表现在如下4个方面：实现社区参与和发展时，将自身视为社区的组成部分，而非独立于社区之外；承认并合理考虑社区成员在社区事务方面的决策权利，使社区成员能够以自主选择的方式追求他们资源和机遇的最大化；在与社区互动的过程中，认识并合理考虑诸如文化、宗教、传统和历史等社区特点；承认合作开展工作的价值，支持经验、资源和实践成果的交流。[1]

➢ **重要考虑**

通过对国际社会发展中形成的重要国际规范的引用，ISO 26000 指出了企业在履行社区责任中的主要考虑事项：考虑和支持相关公共政策；联合有关各方，结成伙伴关系，共同保护和促进自身利益；在进行社区参与和做出社区发展决策之前，应当研究自身对社区的潜在影响，并在对降低消极影响和促进积极影响的具体方法上做出规划；在制定社区参与和发展规划时，应当创造机会实现更广泛的利益相关方参与等。

8.2 中国企业在社区参与和发展主题上面临的挑战

8.2.1 社区参与方面的挑战

➢ **理念上，与社区利益相关方达成共识成为企业实施社区项目的前提**

企业坚持尊重法治的行动，对于社区参与是非常重要的。在法律层面上，企业应该做到依法利用社区资源。ISO 26000 指出，企业应采取尊重他人表达和捍卫自身利益的权利并恰当考虑他们观点的行动。在项目开发之前，除了取得政府的许可，还需事先告知社区其他群体，进行相互协商和谋求共识。企业尤其要特别关注弱势、受歧视、边缘化、无代表和代表人数不足的群体，以有利于充分反映他们的意见和尊重他们参与到企业决策和行动中来的权利。

➢ **方法上，对企业决策和行动中与当地社区进行有效的沟通提出了要求**

透明的政府决策和企业行为是必须的，尤其是在中国企业“走出去”的过程中，政府决策的不透明容易导致相关企业与当地民众产生对立。ISO 26000 指出，企业针对会影响社区的开发项目，应该注重同政府及当地居民和非政府团体的沟通，这种沟通应着重两方面，一是提供完整、准确和可得到的信息，二是保持与当地政府官员和政治代表之间关系的透明度。

在中国企业开拓海外市场中不乏实例。2012 年 2 月 29 日，三峡集团与尼泊尔能源部签署了关于尼泊尔西赛提水电站项目的投资开发谅解备忘录，从而获得该项目开发权。这也是目前尼泊尔设计装机容量最大的水电站项目。然而，由于

---

[1] Guidance on social responsibility，ISO/FDIS 26000:2010(E),p61。

这一项目协定签署仓促且没有公开竞标，在尼泊尔国内引发质疑，甚至有议员要求中止该项合作，并彻查为何该项目没有举行竞争招标。不过，考虑到本国的能源需求以及与中国建立良好关系的愿望，4月3日，尼泊尔国会下属自然资源委员会最终批准了中国长江三峡集团公司投资16亿美元在该国建水电站的项目。❶由此可见，企业在决策和行动中与当地社区开展有效沟通的重要性。

➢ **行动上，需要准确识别和回应社区需求**

ISO 26000指出，社区参与有助于企业熟悉社区需要和优先事项，使得企业的发展及其他努力能够与社区、社会相一致。可以看出，有效的社区参与，能够提升企业回应社区需要的能力和水平，并使企业能够更好地选择优先事项。

8.2.2　教育和文化方面的挑战

➢ **理念上，开始从人权的角度考虑对社区教育和文化的促进**

人权教育与培训，是社会文化建设的重要组成部分。《世界人权教育方案行动计划》指出："人权教育有助于长期防止侵犯人权和暴力冲突，促进平等和可持续发展，增进人们参与民主制度中的决策进程。"ISO 26000指出，保护并促进文化和教育，要与尊重人权相互协调。具体而言，企业应当在适当的情况下，促进文化活动，包括在坚持尊重人权原则的同时，承认并尊重当地文化和文化传统。作为促进文化活动的具体行动，支持在历史上曾经处于弱势的群体获得能力，是非常重要的反歧视方式；考虑促进人权教育和人权意识提高。❷

➢ **方法上，对企业探索并实施促进人权教育和人权意识的有效方式提出期望**

作为素质培养的人权教育，在内容上可以包括3个方面：一是知识和技能，使学习者了解人权和保护人权的机制，在日常生活中掌握并加以运用的技能；二是价值和态度，形成尊重人权的价值观和人生态度；三是行动，身体力行，采取行动保护和促进人权。同时，将人权教育与对现实问题的分析相结合，与人们所面临的实际困境相结合，使人权教育真正成为对人的教育。❸

---

❶ 中国公司16亿美元水电站项目获尼泊尔批准，之前曾准备撤资，http://news.ifeng.com。

❷ Guidance on social responsibility，ISO/FDIS 26000:2010(E),p64。

❸ 常健，人权教育需要明确的六个定位，http://www.humanrights-china.org。

➢ 行动上，企业人权教育的范围由提升企业自身的人权意识扩展到促进社区人权教育

企业在社区开展人权教育的前提是，企业自身具有较高的人权意识，在生产经营中尊重人权。中国企业对于人权的关注还有所欠缺，人权问题的识别尚且还存在一定困难，对于社区的人权方面贡献还有待进一步努力。

8.2.3 就业创造和技能开发方面的挑战

➢ 理念上，促进社会就业已成为社会对企业的普遍期望

就业是国际公认的与经济和社会发展相关的目标，社区就业是企业基于社区参与而为社区发展作出贡献的重要方面。通过创造就业岗位和促进技能开发贡献社区就业，是企业致力于提高社区福利水平和社区生活质量的重要领域和方法。ISO 26000明确指出，所有企业，不论其大小，都能通过创造就业，为减少贫困、促进经济与社会发展作出贡献。技能开发，是促进就业和帮助人们维护体面、有效工作的重要组成部分，对经济和社会发展至关重要。

➢ 行动上，在直接创造就业的同时，注重创造间接就业机会

考虑对社区价值链或者产业集群的技能培训和开发，不局限于企业直接投资、直接创造的就业。价值链的参与和增长需要新的技能和知识。对整个供货商网络的生产、创新和改进进行管理需要新的技能，包括参与到整个供货商网络的实质性跨组织团队当中的技能。[1] ISO 26000指出，考虑外包决策对就业创造的影响，既包括对做出决策的组织内部的影响，也包括对受决策影响的外部组织的影响。企业在直接雇佣以外，还可以通过承包商、分包商等外包服务提供间接就业机会。

8.2.4 技术开发与获取方面的挑战

➢ 理念上，考虑发掘当地潜在的传统知识和技术

ISO 26000指出，在经济条件允许的情况下，考虑发掘当地潜在的传统知识和技术，同时保护当地社区对该知识和技术的权利。技术开发与获取并非都是外来技术，对于当地社区潜在的传统知识和技术的发掘和开发也值得推崇。

---

[1] 2008年国际劳工组织第97届会议，报告五《有利于提高生产力、就业增长和发展的技能》，第59页。

➢ **行动上，促进传统工艺的传承发展**

对于获取技术支持的社区而言，企业所提供的技术应是低成本、可掌握、易推广的，并以较少的成本获取；对于企业自身而言，针对社区具体问题，联合社区伙伴共同开展的技术创新也是降低成本的有效方式。ISO 26000 指出，考虑帮助开发易复制且对消除贫困和饥饿有较大积极影响的低成本技术；另一个方面，防止一定程度上低效、复杂的传统工艺的消亡。

8.2.5 财富与收入创造方面的挑战

➢ **理念上，全面考虑企业在进驻和撤出社区时对社区的经济和社会影响**

ISO 26000 指出，企业应考虑进驻或离开某个社区时的经济和社会影响，包括对社区可持续发展所需基本资源的影响。企业在社区生产运营过程中，会在一定程度上促进所在社区的财富与收入创造。但同时，会改变社区原有的自然环境和居民生产生活方式。所以，当企业撤出社区时，如果不考虑对自然和人文环境的恢复，有可能会造成社区经济和生活水平的倒退，进而可能给企业造成一定的消极影响。

➢ **行动上，撤出社区不能只考虑企业效益，还应注重降低对社区的负面影响**

随着工业化的推进，我国不少资源型城市[1]陆续进入了资源枯竭或濒临枯竭的境况。由于资源开发过程中缺乏对环境的保护和治理，对当地社区极易造成水污染、大气污染、固体废弃物污染与辐射、地面沉降与地质灾害等环境问题。当城市资源趋近耗尽，企业转移搬迁，缺乏生态修复的城市往往人去楼空，只留下断壁残垣。国家于 2008 年、2009 年分两批确定了 44 个资源枯竭型城市的名单。这些城市的发展史大多浓缩在了短短的几十年里，它们因矿业开发而兴起，在极短的时间内走向城市爆发式的繁荣与昌盛，又在极短的时间内走向经济的衰落，对当地社区的长远发展造成了极大的负面影响。

8.2.6 健康方面的挑战

➢ **理念上，增强社区对疾病的认识是促进健康的重要方面，在遵纪守法基础上对企业促进社区健康提出了更高的要求**

企业承担社区健康责任，就是要最大化企业对社区健康的贡献。其中，重点

[1] 资源型城市（包括资源型地区）是以本地区矿产、森林等自然资源开采、加工为主导产业的城市类型。按照资源的种类，可分为煤矿城市、有色冶金城市、黑色冶金城市、石油城市、森工城市等类型。

是提高社区对威胁健康的主要疾病的认识和预防水平，特别是要重点关注儿童营养问题和保证社区普遍享有的基本卫生保健服务。ISO 26000 指出，企业可以考虑通过多种方式促进良好的社区健康水平。从提高社区健康认识和保障卫生的生活条件等方面关注社区健康的疾病预防，而不仅仅是避免主动危害行为，尤其是生产制造业不违法排污。

➢ **行动上，危害公共健康的污染事故时有发生**

近年来，中国企业因环境污染问题损害当地社区公共健康的事件屡见不鲜。2009 年，陕西凤翔、湖南武冈出现“大量儿童铅中毒”事件，对当地儿童的正常发育造成严重不良影响。同时，企业与政府为解决血铅超标问题，采用附近农民搬迁的方式来躲避污染，迫使农民离开家园。作为儿童血铅超标的主要污染源，东岭冶炼公司 2009 年 8 月 17 日全面停产，包括不在铅锌冶炼范围内的焦化车间。❶

8.2.7 社会投资方面的挑战

➢ **理念上，社会投资不仅限于慈善行为**

ISO 26000 中的社会投资是指企业将自身资源投资于旨在提高社区社会生活质量的举措和计划，不仅仅指直接的财物捐赠，其类型可包括与以下领域有关的项目：教育、培训、文化、卫生保健、收入创造、基础设施建设、增进信息获取或其他可能推动经济社会发展的活动。另外，企业还要避免社区对慈善活动的支持或持续存在形成永久性的依赖。企业进行社区参与时，应当考虑支持相关公共政策。在对发展的优先事项和伙伴关系具有共同愿景和一致理解的基础上，最大限度地为实现促进可持续发展的目标成果创造机会。

➢ **行动上，独立企业行为向协同行动转变**

ISO 26000 指出，考虑与其他组织建立伙伴关系，包括政府、商业组织或非政府组织，使得协同效应最大化，并利用互补的资源、知识和技能。社会投资并不是企业要担负的法律义务，而是企业对法律法规义务的超越，是企业将自身视为社区的有机组成部分，致力于发挥自身的经验、资源和能力等优势，寻求与有关各方通力合作，共同提升社区福利和社区生活质量。

8.2.8 小结

ISO 26000 中描述的企业对社会发展方面的贡献，不仅仅指慈善活动，还包

---

❶ 中国崛起需跨“环保门”环保群体事件代价沉重，http：//news. sohu. com。

括：通过经济活动和技术发展的持续扩大和多样化来创造就业；通过社会投资增进财富，通过地方经济发展倡议创造收入；丰富教育和技能发展计划，促进和保护文化与艺术；以及提供或促进社区健康服务。综上所述，ISO 26000 为中国企业在社区参与和发展方面带来了如下挑战。

➢ **对社会贡献的认识从偏向公益捐赠转向全方面促进社区经济、社会、环境和文化发展转变**

目前来看，企业对社区责任的履行还比较薄弱：主要表现为单一的公司捐赠，捐赠管理也比较粗放。ISO 26000 指出，企业可以在促进社区经济、社会和环境等各方面发展上有所作为。同时，一个环境良好的社区会通过自身的发展为企业服务，带动企业发展，由此所产生的外部经济效应将使身处其中的企业受惠。企业还没有充分意识到对相关利益相关方尽责或者说在更高层次上履行社会责任，积极促进社区、NGO、行业组织、民间组织等机构的发展，对企业而言是一种投资，塑造好身边发展的经济小环境，可以为企业带来更多的效益。

➢ **开展促进社区参与和发展的方式从独立行为向多方面寻求配合转变**

社区责任的有效和充分履行，并不仅仅是单独的企业行为，需要社区中各个利益相关方的多方配合，尤其是政府。我国政府和 NGO 在指导和辅助企业履行社会责任方面的作用并没有完全被开发出来。政府在保护消费者权益、员工利益、产品责任等方面立法相对完善，对企业的执行和控制力度较高，但在社区、行业组织等方面出台的法规有所欠缺。

➢ **企业对社区的关注从短期项目式向长期可持续发展方式转变**

不管是社区参与，还是促进就业和社会投资等问题，ISO 26000 都强调对社区可持续发展的关注。这就要求企业不能只为获取一时之经营许可、对社区资源一段时间的掘取，在有限、特定的时间内增进社区效益，而应更多地关注社区的长远发展，即使企业离开社区以后，也能保证社区能自发有序地持续发展。

8.3　中国企业在社区参与和发展主题上面临的机遇

8.3.1　社区参与方面的机遇

➢ **有利于达成企业与社区的共识，更好地履行对社区的责任**

企业针对会影响社区发展的项目，与包括原住民群体在内的社区居民就相关条件和情况，进行相互协商和谋求共识，既是对社区群体的尊重，也有利于企业项目的顺利进展。当然，这种相互协商应当在项目开发之前进行，并以拥有完整、准确和掌握的信息为基础。

中国铝业公司：增进社区沟通，推动昂青项目顺利进展

中国铝业公司自确定在西藏昂青开发矿产以来，一直注重与当地社区的沟通。在项目正式开发之前，将项目情况告知社区群体；在为当地社区解决实际困难时，咨询社区群体的不同代表，优先开展社区居民广泛重视的项目。

信息告知。首先，将昂青公司揭牌的图像资料，由县委县政府编译后，在昌都电视台播放，让老百姓了解中国铝业公司的情况和昂青项目的重要性和社会效益。其次，将中国铝业公司的基本概况、矿业开发、环境保护、社会责任、昂青项目等方面的文字资料，编印成藏汉双语手册发放给矿区农牧民，便于他们加深对项目的了解。第三，多次和昌都县政府共同组成由国土局、环保局、信访局、妥坝乡领导参加的“昂青矿业开发项目工作小组”，进驻妥坝乡然索村开展工作，召开昂青矿业开发项目协调宣传会。

沟通融合。加强与矿区农牧民的互动，解决实际困难，拉近距离、加深感情，营造和谐矿区。一是出动设备为矿区村民维修道路；出动车辆为当地农牧民搬迁牧场、接送牧区学生上学及农牧民到昌都就医。二是在昌都县政府的支持下，中铝西藏昂青矿业有限公司组织了米、面、油、茶等物资，到莽总弄慰问矿区藏族牧民同胞，昌都县委县政府主要领导及牧区群众300余人参加了这次活动。三是配合县国土局、环保局、司法局、卫生局、农牧局、水利局、文化局等组织强基惠农“四下乡”活动，发放材料、宣传法律法规和惠民惠农政策；为牧民巡诊送药；以蓝天为背景，以草地为舞台，为农牧民表演了精彩的节目。

2011年3月份以来，公司共为矿区农牧民平整维修道路50余千米；帮助农牧民牧场搬迁150余户；接送子女上学、农牧民就医200余人次；发放慰问物资近20万元；召开现场宣传协调会6次；组织慰问演出1场。通过以上措施的实施，公司拉近了和矿区牧民之间的距离，加深了和矿区牧民之间的感情，增进了和矿区牧民之间的友谊，为矿区的生产建设营造了一个和谐、稳定的发展环境。

8.3.2 教育和文化方面的机遇

➢ 以人权教育提升企业自身人权责任履责水平和能力

通过在社区开展人权教育和培训项目，不仅能促进社区人权意识提高，也有助于提高员工的人权意识，提升整个企业人权责任的履责水平和能力，树立企业尊重人权的责任形象。

8.3.3 就业创造和技能开发方面的机遇

➢ 以最佳方式促进社区就业，实现企业与社区共同发展

就业是民生之本，也是社会和谐之源。促进就业是社会普遍期望，企业应当予以高度重视。就目前来看，劳动密集型产业依然是解决就业的重要主体，并将持续较长时间。中国企业在项目投资中，结合企业自身优势，兼顾企业效益和社会效益，可以更好地促进社区就业。

华夏银行：助力劳动密集型小企业发展

2010年6月18日，华夏银行中小企业信贷部昆明分部正式揭牌。自此，华夏银行昆明分行以“中小企业金融服务商”的转型姿态，不断提高专营机构和专业管理服务水准，简化审批流程和授信资料，建立起以“小、快、灵”为特点的小企业金融品牌服务体系“龙舟计划”，灵活运用产品，创新服务模式，做强、做实、做优小企业客户，支持和服务云南实体经济发展。

截至2011年末，华夏银行昆明分行新增小企业授信27亿元，贷款余额20亿元；小企业贷款增速高于全部贷款平均增速4倍，较上年末增长92.01%，小企业授信客户数增长182.81%，涵盖玉石、药材、文化等多个特色产业，较好地支持了云南特色经济、劳动密集型企业和“三农”的发展。

2012年，华夏银行昆明分行计划服务劳动密集型企业不低于70户。同时，将与昆明市劳动就业服务局合作为再就业人员创造自谋职业、自主创业机会，对从事个体（合伙）经营、自筹资金不足的创业人员，以及有志于自主创业并有相对成熟创业计划的大中专毕业生，提供小额担保贷款并由政府予以贴息，预计全年将发放创业人员小额担保贷款1亿元。按每人贷款5~8万元计算，将为1500~2000人解决创业的资金难题，按每户2~3个就业岗位测算，将解决5000余人次的就业岗位。

8.3.4 技术开发与获取方面的机遇

➢ 将当地社区传统工艺的保护和开发与市场相结合，改善现代生活品质

随着社会的发展，人们生活习惯的变化，传统手工艺的地位也在发生着变化。特别是有一些手工艺因为生产方式的改变已不适应现代社会的需要。对于不同的传统工艺，企业可以采取不同的方式进行保护、开发。对于不适合走向市场的传统手工艺品，企业可以把手工艺与旅游开发结合起来，作为一种文化产业来发展；对那些能进入市场的传统手工艺项目，应加强引导和扶持，改进工艺流程，加入现代科技、工艺元素，挖掘和提升其文化价值和市场价值，使手工艺品从实用价值向观赏、收藏价值转变，从民间工艺品向旅游纪念品、收藏品转化，研发出与现代生产生活相适应的产品。

联想（中国）：联手帮扶，助力羌绣传承发展

羌绣是我国最古老、最传统的文化之一，也是一项非常宝贵的非物质文化遗产。联想 ThinkPad 携手壹基金羌绣帮扶中心开展羌绣帮扶活动，旨在为羌绣发展开辟新的营销模式，进而达到为羌族儿女的灾后生产力恢复贡献力量，促进保护非物质文化遗产的目的。

羌绣帮扶中心按企业标准运营，采取“帮扶中心 + 帮扶站 + 帮扶点 + 农户”的模式，在灾区招募和培训妇女从事羌绣生产，通过总部设在成都的帮扶中心进行统筹和销售，收入将主要用于支付绣娘的酬劳，同时运用于爱心援助和羌文化保护等方面。帮扶中心将带有民族特色或是有环保卖点的手工艺品实现可复制、规模效应明显的市场化推广，应该说是到目前为止公益创业行业较为清晰和成熟的商业模式之一。

伽蓝化妆品公司：“中国之美世界看见”——保护中国手工纺织品艺术

伽蓝化妆品公司在中国 27 个贫困村寨实施了保护中国手工纺织的项目，把东方的生活艺术和中国传统的文化价值观的精髓传递给世界。伽蓝化妆品公司还跟联合国开发计划署签署长达 4 年战略合作协议，在云南的摩梭人以及在海南的黎族设立民族传统手工纺织品项目试验点，致力于扶持中国少数民族文化产业的可持续发展。

8.3.5 财富与收入创造方面的机遇

➢ **项目撤出后社区的持续发展为企业发展赢得声誉**

企业的生存和发展是与地方经济紧密相联。企业通过投资创业计划、发展当地供应商和雇佣社区成员，以及在积累经济资源和社会关系等方面的努力，可以增进经济和社会福利或社区财富。这种行为不是一次性的，尤其是在项目完成撤出社区以后，更多的是需要企业考虑社区经济的持续增长。

中国铝业公司：矿区复垦披绿装　还地于民显效益

2005年以来，位于广西百色市平果县城西郊的中国铝业广西分公司实施“租地—采矿—复垦—还地”采矿模式试点，即由企业租地采矿，采空后再由企业进行工程复垦，还地于农民。实行“临时用地”方式，农民不但没有失去赖以生存的土地，而且在土地使用权转移的4年内获得了远高于原地耕作收益水平的补偿（相当于年均产值13.7倍的经济补偿15382.00元/亩），保障了农民的合法权益。4年租期结束后，中国铝业广西分公司通过工程复垦和生物复垦，又把土地归还给农民，保护了矿区居民的生存权和持续发展权。

据统计，平果县境内探明铝矿储量约2亿吨，总采矿用地约10万亩，约占平果县耕地面积的1/4，铝土矿区复垦还地成为当地农民的福音。与采矿前的原始地相比，工程复垦实现了土地的平整化，并尽可能地增加耕地的有效使用面积；一些原来不能耕作的土地，经过工程复垦后变成了可以耕作的土地。工程复垦完善了灌溉、挡土墙、道路等设施，生物复垦又提高了土地的肥力，这些都使土地的耕作条件得到了明显改善。

1998～2005年，中国铝业广西分公司累计完成通过出让方式获得采矿用地的采空区复垦3123.186亩，建设了高效复垦示范区6个共计1310亩，通过广西国土资源厅验收确认新增耕地面积2356.976亩，复垦率100%，平均复地率70%。2006～2010年完成通过“临时用地”获得采矿用地的采空区复垦1802.114亩，并归还农民。其中，耕地1318.240亩，其他土地483.874亩。2011年已完成“临时用地”采空区复垦1703.4亩，经广西国土资源厅验收确认后还地于民。

8.3.6 健康方面的机遇

➢ **优势互补，携手专业组织传播企业关怀**

健康是社会生活的一个基本条件，也是一项公认人权。公共健康受到威胁，会对社区产生严重影响并阻碍其发展。因此，所有企业，不论大小，都应当尊重健康权，以适合各自情况的方式为促进健康、防范健康威胁和疾病、减轻对社区的危害作出贡献。其中，参与危害健康和生命的重大疾病的宣传，提升社区居民对主要疾病及其预防的认识，是促进社区健康的有效方式。

中国移动通信集团：印发关爱艾滋病宣传资料，传播健康

“中国温暖 12 · 1 爱心基金中国移动关爱行动”项目是卫生部、国务院防治艾滋病工作委员会办公室、全国妇联权益部与中国移动通信集团（简称中国移动）和中国少儿基金会合作开展的项目。该项目于 2007 年启动，目标为扩大“‘12 · 1’关注孤儿万户爱心家庭公益行动”的覆盖面和影响力，惠及更多的艾滋病致孤儿童，改善他们的生存环境。4 年来，该项目在云南已经资助了超过 6000 名艾滋病致孤儿童，每年给予每名受助儿童 1000 元的资助款，以保障受助儿童的基本生活，促进这些儿童身心健康发展，重拾他们对生活的信心。目前，该项目已覆盖云南省 14 个州市的 76 个县，被救助儿童由第一批的 415 名，发展到了 2011 年第四批的 2989 名。其中，德宏、保山两地基本上实现了全覆盖。

2011 年 12 月 1 日是第 24 个世界艾滋病日，中国移动云南公司于当天在全省范围内印发了 32 万份“中国温暖 12 · 1 爱心基金中国移动关爱行动”项目简介宣传单，以期更多的人了解该项目，吸引更多群众参与到关爱艾滋病人及其家庭的行动中来，扩大艾滋病致孤儿童受助面，改善他们的环境。

8.3.7 社会投资方面的机遇

➢ **对社区持久的积极影响将增进社区对企业的认同和支持**

良好的社会投资项目，并不是企业完全的、免费的、一次性的馈赠，其往往是既对社区能够产生持续的积极的影响，同时又能够提升企业自身的竞争力。

华润集团：在产业帮扶中造持续发展之“血”

对华润这样的大公司而言，一次性投入建造一个现代化村镇并不困难，然而，造一个能够自力更生、充满生机和活力的小镇却殊为不易。因此，简单地改造希望小镇的居住环境，并不是华润人的目的。立项之初，华润考虑最多的是今后农民收入的稳定和持续，提升希望小镇日后的可持续发展动力。

华润集团希望通过产业帮扶，积极引导和培养当地农民的市场意识，大力扶持富有地方特色、能与华润产业发展相结合的种养业，提高农业产出效益，改变传统的农村经济模式，增加农民收入。因此，从 2008 年 6 月起，华润从集团属下各利润中心先后抽调 10 多名青年骨干组成项目小组，长期驻守在小镇第一线进行产业帮扶。

农民合作社是希望小镇在发展农村经济方面进行的探索。如果说对小镇进行基础设施改造只是“输血”，小镇推行的农民合作社就是“造血”，目的是让农民真正成为主人，实现小镇的可持续发展。

农民专业合作社可以用现代企业管理的理念来管理农业生产，使小镇农业生产活动由原来的散户小农无组织生产，转变为有组织、有计划的规模化集约化生产，使农业生产更科学、更贴近市场，更为有序地发展。

华润集团的愿景是，经过改造重建，小镇将会突破原有的行政管理区划，形成一个全新的功能齐全的农村社区。华润将引入城市社区管理模式，成立小镇社区居民委员会，在上级政府的领导下统一管理小镇的各项行政及公共事务；积极引导小镇村民共同参与创立农民专业合作社，部分利润用于小镇集体提留的公共积累，为小镇管委会行使行政及公共管理职能提供可靠的经济基础。

华润集团希望产业帮扶能作为一种可以复制的模式，为国家探索出一条企业利用自身资源积极参与社会主义新农村建设的新道路。

8.3.8 小结

综上所述，中国企业成功应对 ISO 26000 在社区参与和发展方面的多、高、新挑战，将带来许多发展机遇。

➢ **有助于形成建立与社区和谐相处、共同发展的关系的认识**

ISO 26000 指出，企业在实现社区参与和发展时，将自身视为社区的组成部分，而非独立于社区之外。社区参与和发展主题中的七大问题，无一不彰显企业是在以一种合法、合理、合作的方式促进社区发展，或者说“以令人尊敬的方式参与社区并与其机构往来，显示并增强自身的民主价值观和公民价值观”。❶

➢ **对企业给社区带来的影响的全面考虑有助于降低运营风险**

从企业进驻到撤出的与社区互动的整个过程中，应认识并合理考虑诸如文化、宗教、传统和历史等社区特点，考虑自身对社区的潜在影响，在决策和行动之前对降低消极影响和促进积极影响的具体方法做出规划。这些都有助于企业项目开展获得当地社区的认同和支持，降低运营风险。

❶ Guidance on social responsibility，ISO/FDIS 26000:2010(E),p60。

➢ **有助于推动企业开展更具自身特色和专业优势、服务战略发展的社区发展项目**

ISO 26000倡导企业自身特有技能作为社区参与的基础，以通过核心活动促进社区发展，并服务公司发展战略。在倡导企业对社区做贡献的同时，也考虑企业经济可行条件、自身优势，将企业发展与社会发展相结合。

8.4 中国企业应对社区参与和发展主题的对策措施

8.4.1 注重与社区达成共识，尊重社区利益相关方需求

社区作为涵盖面最广的企业利益相关方，从政府到居民、从同行到民间组织无不从各自的领域对企业产生着直接或间接、或大或小的影响，影响企业长远经营目标的实现。对于绝大部分企业来说，不论是厂址的选择、员工的住所，还是业务的开展，都与所在的社区密切相关。因而，当地社区的建设与发展问题也是企业经营过程中所需考量的议题。反过来，企业是以盈利为出发点的，最终目标是要获得发展。这种发展不仅是指企业自身做大做强，也包括对所在社区的促进。

与社区达成共识，创造机会实现更广泛的利益相关方参与，是企业进行社区参与和社区发展的决策和行动的一个重要前提和方式。此外，还应当识别出弱势、边缘化、受歧视或代表人数不足的群体并与之协商，并在可能的情况下向他们提供支持。

8.4.2 寻求多方协作推进社区共同发展

企业可以与社区内的各方结成伙伴关系并相互联合，以共同保护和促进自身利益和整个社区发展。如通过合理合法的方式影响并参与公共政策制定。政府能够帮助企业或者激励企业参与社会责任计划，以推动社会、经济和环境的改善。同时，公共领域的各级政府机构能够刺激每个关键部门的参与，使其与企业之间形成战略合作伙伴关系。而这种关系可以实现整个社会资源和能力的互补，从而解决复杂的社会和环境问题。

8.4.3 提升项目实施效率，确保项目达到预期效果

做慈善也应精益求精，讲究效率，可持续的项目才是一个节约资源、高效的项目。我国企业在从事公益等社区活动中需注重提高项目投资效率，应对参与社会活动和促进社区发展的项目进行日常监控和监测，对项目进展和绩效进行定期评估和评价，并根据审查的结果，采取措施对社区参与方式进行改进，进而实现

社区责任绩效的改进。尤其是在社区投资方面，中国企业慈善事业发展还不成熟，经常表现为因自然灾害而突发的、一次性的捐赠行为，或者因国家政策被动式的扶贫工作，缺乏对慈善项目的跟踪管理，对项目执行结果没有反馈和了解，难以保证项目预期成果的实现。

8.4.4 结合当地实际，保护当地传统技术

对传统技术的尊重和保护，也是尊重社区历史的重要体现。企业在开展社区投资项目时，应考虑发掘当地潜在的传统知识和技术，将保护和开发相结合。

8.4.5 发挥企业优势，推动社区科教文卫事业发展

目前，中国慈善捐款在救灾、教育及扶贫领域最为集中，这种密集性捐赠方式不像西方国家，在艺术、文化、环保等领域慈善捐款呈现的多元化趋势。中国企业也应结合自身发展特色和优势，创新公益思路，更多地推动社区公共事业的发展。

9 ISO 26000 对中国企业社会责任发展的总体影响及对策

从 ISO 9000 质量管理体系标准到 ISO 14000 环境管理体系标准，再到 ISO 26000 社会责任国际标准，企业管理范式从以质量管理为中心到以环境管理为中心，再转变到以社会责任管理为中心的全面责任管理阶段（见表 9-1）。企业管理开始进入到社会责任管理的新时代，企业的经营目的、竞争法则、管理对象、经营理念等也需随之作出调整，在变革中提升核心竞争力，以适应这悄然来临的全面责任竞争时代。

表 9-1 企业管理阶段及方式的转变❶

管理阶段 经营管理	质量管理阶段	环境管理阶段	社会责任管理阶段
经营目的	对股东负责	对股东和环境负责	对包括股东在内的利益相关方负责
竞争法则	对顾客负责的价廉物美	对环境负责的价廉物美	对利益相关方负责的价廉物美
管理对象	产品	产品 + 环境	产品 + 环境 + 人
管理目标	质量改进	质量改进 + 环境改善	质量改进 + 环境改善 + 人本关怀
管理体系	ISO 9000 （1987 年发布）	ISO 9000 + ISO 14000 （1997 年发布）	ISO 9000 + ISO 14000 + ISO 26000（2010 年发布） 全面管理体系
经营理念	股东公司	环境股东公司	利益相关方公司

9.1 ISO 26000 对中国企业社会责任发展带来的挑战

9.1.1 适应新的市场竞争规则的挑战

虽然 ISO 26000 不是管理体系标准，不用于认证，也不用于法规和合同的用

❶ 殷格非．提高责任竞争力应对全面责任竞争时代[J]．上海企业，2006，第 1 期。

途，但它却预示着一个新规则时代的开始。从本质上讲，ISO 26000是现有社会责任规则（各种社会责任倡议和工具等）之集大成，它将进一步促进全球社会责任规则体系的形成。

企业社会责任的全球共识使市场竞争法则随之发生改变。为获取市场竞争优势，企业从经营理念、管理对象和管理目标等多方面发生改变，以应对外界对企业发展的新要求。不同于以提升产品（服务）质量、降低成本为中心的质量管理和以环境为企业管理中心的环境管理，ISO 26000社会责任国际标准的发布，对企业的管理又提出了新的要求，特别是明确提出需要对更多的利益相关方负责。企业的管理对象由产品、环境扩展到更多的利益相关方，企业管理的目标不仅是产品（服务）质量提高、成本下降和环境保护，还要追求经济、社会和环境效益协调发展和多元目标的平衡实现，实现企业与社会的持续发展。

9.1.2 科学合理地运用国际标准的挑战

企业社会责任的有关理论和思想从诞生起就充满了争议，原因在于其与不同国家的政治体制、文化传统、经济制度等有着千丝万缕的联系。作为发展中国家，我国的传统文化、政治、经济制度等与西方国家存在比较大的差异，在社会责任国际标准所涵盖和涉及的诸多主题和领域的理念、利益诉求、实践等方面，与西方发达国家也存在相当多的不同。ISO 26000在给出企业履行社会责任的一般框架的同时，并没有具体说明处于不同国情、不同发展阶段的企业应当如何运用它。

9.1.3 标准要求超越企业实践阶段的挑战

ISO 26000的制定过程虽然各种不同类型的国家都有参与，但是从本质上讲总体上还是体现了西方发达国家的理念和利益诉求，对技术水平、管理水平、基础条件等都相对落后的大部分发展中国家企业来说，ISO 26000提出的很多要求超越了这些企业的实践阶段。对于即便是发达国家的部分企业来说在短期内也难以全面达到要求。

截至2011年底，我国已有20多万家企业通过了质量管理体系认证，而通过环境认证的企业只有2万多家。[1] ISO 26000要求企业在决策和活动时考虑更多的、新的决策环境或条件，随着对企业实践的更高、更新要求的大量涌现，可想而知，达到一定社会责任标准的企业更在少数。

---

[1] ISO官方网站。

9.1.4 参与国际贸易的企业提升竞争力的挑战

ISO 26000 内容涵盖环境、食品安全、劳工、透明等诸多内容，而这些也正是近年来涉华国际贸易争端的多发、高发点，或者未来经贸争端的潜在冲突点，如低碳技术、清洁能源产品、碳关税等。尽管 ISO 26000 明确表示不以认证为目的，但发达国家极有可能以所谓的社会伦理道德标准影响我国出口产品，将 ISO 26000 与贸易市场准入等问题挂钩，以供应链的形式将标准要求“打包整合”，从而有可能形成贸易壁垒。另外，我国出口企业为了获得跨国采购商的订单，无论需要与否，也会通过“社会责任门槛”，相关标准认证成为争取更多出口订单的砝码。

ISO 26000 关于利益相关方和影响范围的规定将进一步增加企业履行社会责任的负担。一是可能使跨国公司通过供应链管理来转嫁社会责任成本；二是增加国内弱势企业的社会责任成本。考虑到目前我国出口企业以劳动密集型居多，企业往往缺乏足够的财力、智力资源同时达到社会责任国际标准的各项要求，短期内会因达不到相关社会责任认证标准而贸易受限，致使工厂倒闭。国际知名企业出于形象考虑多会严格遵守社会责任国际标准，我国相关下游企业将损失惨重。即便我国部分企业尽管达到了社会责任国际标准要求，那也意味着它们为满足这些要求或者引进了国外的技术或原材料，或者接受了某种形式的检验或者检测，最终都是被动允许更多的国外供应商、认证咨询机构和检测机构参与利润分配，净利润较之以前势必遭到压缩。

9.1.5 理解与接受新的观念理念的挑战

ISO 26000 中阐述的社会责任目标是最大化企业对可持续发展的贡献，符合我国和谐社会发展的目标。但其实质上更多地体现了西方的自由主义理念和价值观，与我国现阶段的国情、企情均存在一定差异，甚至冲突。

ISO 26000 通篇都强调和突出了人权的普遍性和优先性，并将推行和保护人权的主体由国家（政府）扩大到企业等非政府组织。而以往我国社会更多地认为，国家是实现人权的义务主体，由此企业对人权的理解和关注也有所欠缺。

在透明度方面也是如此。ISO 26000 将透明度视为社会责任七项原则之一，认为企业影响社会和环境的决策和活动应当是透明的，提出了企业信息披露的相关理念。而这些理念与我国已经形成的企业（公司）信息披露的基本制度、运行特征、操作方式等都存在差异。首先，我国不存在要求企业应就社会责任履行情况进行相关信息披露的系统法规。我国近年出台的《公司法》等，只要求“教育、医疗卫生、计划生育、供水、供电、供气、供热、环保、公共交通等与人民群众利益密切相关的公共企业单位在提供社会公共服务过程中”，及时、准确披露信息，对社会责任的信息披露没有明确提及，特别是对应当披露的范围没有规定。社会责任国际标准要求社会组织应就人权、环保、政治参与等进行“及时、完整”的信息披露，这主要来源于西方发达国家实践，与我国企业信息披露长期以来的运行机制，存在明显差异。其次，我国企业信息披露机制的运行环境仍然相对落后。ISO 26000 将决定企业信息披露内容的因素扩大到“所有利益相关方”，在信息披露问题上实现社会组织、政府、民众的紧密参与、互动。而我国社会的信息披露意识长期滞后，特别是民众与社会组织主动要求、监督信息披露的意识不强，难以在短时期内达到社会责任国际标准的要求。三是对企业信息披露程序、信息披露方式提出了更高的要求。我国大多数企业现阶段都难以达到。对于商业信息披露方式的管理，我国现行信息公开管理机制也存在盲点。虽然《中华人民共和国宪法》、新修订的《保守国家秘密法》以及《刑法》都明确规定了社会组织和个人保守国家秘密的法律义务，以及对泄漏国家秘密行为的处罚。但从严格意义上讲，我国现有法规政策体系对可能涉及重大国家利益的商业信息披露、如何界定企业在从事跨国商业行为时应当履行的信息披露方式和进行信息披露的方式，依然缺乏明确系统的界定。

9.2 ISO 26000 对中国企业社会责任发展带来的机遇

9.2.1 有利于在社会责任统一的语境下参与国际规则的制定

ISO 26000 虽然还只是一个倡议性的社会责任国际标准，但因为它第一次在全球达成了对社会责任认识和实践的最大共识，将会促进全球社会责任体系的形成。首先，它将会直接促进社会责任管理体系或可持续发展管理体系标准的产生；其次，现有的社会责任倡议和工具，将会充分吸收 ISO 26000 的思想、理念和方法来进行自我完善，在现实生活中发挥更大的作用；第三，它还将促进全球社会责任规则体系的形成，进而促进各类组织行为规则的建立和完善。

在未来，ISO 26000 中的一些议题以及之后产生的相关国际标准，将会对各种经济社会活动产生越来越直接的影响，“依法合规”、“合作共赢”、“低碳环保”、“以人为本”等在商业往来中屡见不鲜的词汇代表了企业对社会责任的尊重和认可，代表了社会所认可的成功企业的价值取向，已经成为国际贸易的新的操作规则，社会责任已经成为一种传递价值取向的商业语言。在共同的价值体系下，有助于中国企业参与到国际规则的制定过程中，从而增强在国际市场中的话语权。

9.2.2 有利于系统开展社会责任工作

ISO 26000 列出了当前全球社会责任的七大重点领域，对每个领域的主要议题及企业应当采取的行动进行了具体说明。同时，对企业将社会责任理念融入日常运营的关键环节及其工作要点进行了详细阐述，便于企业根据自身需要进行选择和运用，将会在全球范围内极大地推动社会责任向纵深发展。有的企业用其来指导社会责任报告的编写。借此，一方面将复杂的标准迅速地普及到企业之中；另一方面，发现企业的良好实践并加以推广。有的企业直接将标准转化为符合企业实际的社会责任指引。还有的企业与企业社会责任规划和计划相结合，或在供应链或在某个领域加以探索性实施。诸如此类，结合实际，不拘一格，创新应用，最大程度发挥这个全球社会责任智慧结晶的指导作用和价值，都是难能可贵的。

9.2.3 有利于缩短与国际先进企业的差距

ISO 26000 是全球社会责任和可持续发展理念和实践经验的智慧结晶，对于愿意履行社会责任的企业有着明确的指导意义，能够促使全社会形成责任关怀的氛围并与国际接轨。具体而言：

ISO 26000 对当前社会责任领域的重要概念与原则给出了明确的定义。在一定程度上有助于减少因内容的复杂性导致的对社会责任及其相关问题认识和理解的巨大差异，从而使相关各方能够在基本一致的理论基础上探讨社会责任重大问题，推进社会责任实践，对社会责任运动的发展具有重要意义。

ISO 26000 提出了系统的利益相关方分析范式和利益相关方关系管理工具，参照这一范式，企业能够系统分析利益相关方对其履行社会责任的期望与要求，并采取有针对性的回应措施，改善企业的生存环境，促进企业的健康持续发展。

9.2.4 明确了市场竞争力的提升方向

ISO 26000 在带动利益相关方参与，以及将社会责任融入到生产经营等方面为企业在参与国内外竞争中提升核心竞争力提供了指导。对于企业来说，ISO 26000 社会责任指南提供的范例将有助于它们按照当今社会的期望、以对社会负责的方式运作，以最低的社会代价和最小的环境影响去获得长远的经济效益。通过遵循 ISO 26000，企业能够改善其社会责任管理战略，从而提升品牌、产品形象等。优化后的环境措施可以节省能源、水、材料等资源，节省企业生产成本并提高生产率。此外，对员工友好的企业政策将会吸引和留住更多高技能人才。一个企业如果能够自觉履行社会责任，将会拥有长久的生命力，在市场竞争中保持不败之地。

另一方面，ISO 26000 的议题涵盖了企业生产经营的方方面面，尽责审查原则是对企业状况的一次全方位的详细“体检”，有助于发现风险和隐患，通过改进从而促进企业健康发展，增强市场竞争力。

9.3 中国企业应对 ISO 26000 的总体对策建议

9.3.1 充分重视，形成对 ISO 26000 的正确认识

ISO 26000 社会责任国际标准引用了多项国际公约为其支撑，涉及社会、政治、经济、文化、法律、宗教、伦理道德等多个方面。其核心理念，对于促进科学发展观的落实，促进经济发展方式的转变具有非常重要的推动作用；对于加快和谐社会的建设，保障和改善民生具有非常重要的促进作用；对于推进和谐世界的构建，促进世界共同繁荣与持久和平具有非常重要的保障作用。我国企业应充分重视对标准的理解和学习。

尽管标准文本的理解和掌握存在一定的现实困难，但 ISO 26000 并非高不可攀、不可参透。ISO 26000 在相当程度上反映了新的全球话语体系，是我们必须理解的将会在世界通行的表达方式，在经济全球化的时代，无论是“请进来”，还是“走出去”，都需要我们掌握全球主流话语体系，学会用国际社会通用的语言体系传递我们的价值观和诚意。因此，中国企业应积极学习 ISO 26000，理解这一标准的主要内容、具体要求和实施方法，以提升对企业社会责任的认识水平，改进企业社会责任管理和实践，增进企业对可持续发展的贡献。

9.3.2 坚持对核心理念的灵活运用

对于 ISO 26000 的借鉴和运用不可一概而论，需要结合企业实际，对于不同议题，不同类型企业（包括大型企业、“走出去”企业、中小企业）在不同地区（国内和国际）所采取的方式和方法不尽相同，需要具体问题具体分析。

近年来，到海外投资的中国企业数量及投资金额都大幅增加，中国企业已成为国际投资市场上的一支重要力量。遵从 ISO 26000 标准，“走出去”企业应当建立起有效的社会责任治理机制，在生产运营中综合考虑人权、劳工实践、环境、公平运营实践、消费者问题、社区参与和发展，防范和避免因劳资关系、人权、环境、腐败和商业贿赂产生的风险。

9.3.3 围绕核心竞争力进行积极探索

ISO 26000 社会责任国际标准提出企业要将社会责任理念融入到运营和管理的每个方面，这也是社会责任全球化发展所形成的新的重要共识之一。尽管对所有企业来说都还是个巨大的挑战，但企业可围绕自身核心竞争力，在企业社会责

任理念融入到企业核心价值观和使命、战略和规划、产品和服务、部门管理、日常工作和品牌建设等方面进行积极探索，创造竞争优势。

➢ 企业社会责任融入价值观与愿景

将社会责任理念融入企业核心价值观将有利于催生自顶层开始的社会责任管理变革。因为对利益相关方的责任理念将会逐步细化为一个个符合责任行为的具体指标，最终将有利于促进社会责任理念全面融入企业战略、组织、制度和每个员工的日常行为。

➢ 企业社会责任融入战略

社会责任融入组织战略，即要将社会责任理念和要求融入组织战略，确保战略表述、战略目标、战略内涵、战略行动和战略评价都能体现企业行为的充分履责性。

从企业价值链出发，以创新和技术为手段，在企业的运营战略中寻找为企业和社会创造共享价值，实现产业链上各方的社会责任延伸和跨越，构建起对股东、员工、消费者、政府以及社区等利益相关方主动负责的价值实现机制和利益共享机制。ISO 26000 出台后，全球各种组织及其利益相关方越来越意识到社会责任行为的必要性和有益性，积极主动地履行社会责任，昭示着企业长期坚持贯彻的理念和信条。社会责任战略和企业成长战略融合为一体，已经成为企业未来发展的必然模式和实现差异化竞争的重要赶超路径。

➢ 企业社会责任融入产品和服务

企业履行社会责任的根本和前提就是确保产品和服务的质量。如果企业向社会提供的产品和服务存在质量问题，就会直接影响和损害用户的利益和顾客的安全。一个企业不能只关注眼前的产品利润，为了在日益竞争激烈的市场环境中保持企业的可持续发展，必须具有与可持续发展战略相对应的产品和服务，赢得广大消费者的认同。企业在确立这样的产品和服务时，应着重考虑对其他利益相关方权益的维护。例如，环境的保护、消费者使用安全、产品和服务的进一步升级，将对利益相关方的经济责任、社会责任和环境责任贯穿于产品和服务中。

➢ 企业社会责任融入部门管理

企业社会责任融入部门管理，即将社会责任的内容融入部门的职责规范，使各业务运营部门、业务支撑部门以及日常执行部门在其日常行动中实施企业整体的企业社会责任战略，以促进这些部门社会责任能力的发展和社会责任工作的改进。

通过将社会责任议题纳入各部门职责规范，深化和丰富各部门的工作内容和工作价值，使得各部门的日常工作富含社会责任的内容，提高各部门履行社会责任的积极性和执行能力，进而实现企业内部全方位的社会责任管理。

➢ **企业社会责任融入日常工作**

企业社会责任融入日常工作，即要将社会责任理念和要求融入生产运营的全过程，实现对价值链各个环节的优化，确保企业社会责任与日常经营的深度融合。企业社会责任管理的深入推进离不开员工的参与和实践，企业社会责任工作的开展，需要每一位员工在工作岗位中的落实；企业社会责任目标的实现，同样需要提升员工履行社会责任的意识和能力。

➢ **企业社会责任融入品牌建设**

在全球化的经济时代，任何一个不断成长的企业，都会强烈地感受到社会责任对于企业品牌战略管理不动声色的推动力。以企业社会责任的履行和企业公民义务的担当为核心的品牌战略正成为继资金、技术、成本和人才之后企业竞争新的要素，社会责任已成为品牌的下一个争夺空间。在企业进行战略规划和决策经营的过程中，较好地实现品牌推广和社会责任有机融合的企业战略，是为我们所称之为的“责任品牌战略”。责任品牌战略即表现为责任时代一种具有更深层次、更高水平的营销模式，某种程度上恰恰也正代表了品牌营销向社会责任的本源回归。责任品牌战略，就是企业在品牌塑造过程中，在解决相应的社会与环境问题的同时，运用自身专业优势，融入公司及核心产品价值，与公众紧密联系、具有战略眼光的企业公民行为。责任品牌战略能够大大地提升和充实企业的品牌形象和内涵，既是最优化公益行为，也是实现差异化竞争优势的有效手段，能够提高公众认可度，进而将这种品牌效应转化为竞争力。

对现有社会责任活动的有效整合,实现社会责任活动品牌化,不仅是对企业资源的合理配置,同时还能保障责任活动的可持续性。企业主动创造机会履行社会责任,把社会事业与企业竞争战略有机地结合起来,也是提升品牌知名度的有效途径。

9.3.4 积极参加社会责任规则制定

社会责任规则已逐步发展为推动社会责任运动的重要工具和手段，它使社会责任内容更加具体化，成为可实施、可检查、可考核、可比较、可评价的具体要求。制定社会责任相关规则，是推进社会责任建设的重要基础。同时，中国企业结合自身实际，积极参与国内外社会责任相关领域规则的制定，更能提升在国际市场中的话语权，提升企业竞争力。

后 记

“共担责任，启动梦想”——这是2010年11月1日国际标准化组织颁布社会责任标准ISO 26000发布会的主题。2011年，我们发布了中国铝业公司第一份以ISO 26000为参考指南的社会责任报告，也是国内首份按照最新的社会责任国际标准体系编写的社会责任报告。“点石成金，造福人类”——从此启动了中国铝业公司共同担责的可持续发展之梦。

2012年初，中国铝业公司开始筹备“ISO 26000在中国企业的应用研究”课题研究。我们试图通过分析ISO 26000相关条款和要求，识别出公司治理、人权、劳工实践、环境、公平运营实践、消费者问题以及社区参与和发展7个议题对目前中国企业的挑战和机遇。我们希望借此机会能够发现中国铝业公司在社会责任工作方面的不足和优点，进一步推动将ISO 26000融入公司的战略和管理。同时，我们也希望借此机会能够推动ISO 26000在中国本土化的应用，希望有更多的中国企业重视ISO 26000并从中受益。

本课题研究经反复讨论、修改，历时半年之久，最终成稿。在此基础上，又经过将近一年的修改完善，形成了这部书稿。感谢责扬天下（北京）管理顾问有限公司给我们的指导，也感谢中国铝业公司各部门给我们提出的宝贵修改意见，让课题研究和书稿不断完善。

党的十八大提出了两个一百年的奋斗目标，即在党成立一百年时全面建成小康社会，在新中国成立一百年时建成富强民主文明和谐的社会主义现代化国家。实现中华民族的伟大复兴，这是每一个中国人共同的梦想，需要我们大家共同奋斗。在实现中国梦的奋斗历程中，企业毫无疑问地成为主力军，使命重大而光荣。在全球经济一体化程度持续加深、国际经济格局发生重大调整和深刻变化的当今时代，包括企业在内的各类组织履行社会责任的重要性日益显现，对履责的广度、深度、方式也提出了更高的要求，因此，组织履行社会责任也应接轨国际标准。我们希望这本书能够为中国的各类组织特别是企业认识、理解，以及应用社会责任国际标准指南 ISO 26000 提供帮助。

最后还要感谢 ISO 26000 给我们带来的进一步思考。

中国铝业公司研究室
2013 年 8 月